FACULTÉ DE DROIT DE LILLE

Du fondement de la responsabilité patronale

EN MATIÈRE D'ACCIDENTS DE TRAVAIL

THÈSE POUR LE DOCTORAT

PAR

P. EYCKEN

Avocat

Licencié ès-Lettres

Lauréat de la Faculté de Droit de Lille

L'acte public sur les matières ci-après sera soutenu le 18 Décembre 1900, à quatre heures du soir.

Jury : MM. FÉDER, Professeur, Président.
JACQUEY, Professeur,
MARGAT, Agrégé, chargé de cours. } Assesseurs.

LILLE
A. MASSON, Éditeur, Rue Faidherbe, 40

1900

THÈSE POUR LE DOCTORAT

FACULTÉ DE DROIT DE LILLE

Du fondement de la responsabilité patronale

EN MATIÈRE D'ACCIDENTS DE TRAVAIL

THÈSE POUR LE DOCTORAT

PAR

P. EYCKEN

Avocat

LICENCIÉ ÈS-LETTRES

LAURÉAT DE LA FACULTÉ DE DROIT DE LILLE

L'acte public sur les matières ci-après sera soutenu le 18 Décembre 1900, à quatre heures du soir.

Jury : MM. FÉDER, Professeur, PRÉSIDENT.
JACQUEY, Professeur,
MARGAT, Agrégé, chargé de cours. } ASSESSEURS.

LILLE
A. MASSON, ÉDITEUR, RUE FAIDHERBE, 40

1900

FACULTÉ DE DROIT DE LILLE

ENSEIGNEMENT

MM. Vallas (O. I. ⚜), Doyen, Professeur de Droit Civil.
Féder (O. I. ⚜), Professeur de Droit Civil.
Garçon (O. I. ⚜), Professeur de Droit Criminel, Professeur adjoint à la Faculté de Paris.
Lacour (O. I. ⚜), Professeur de Droit Commercial.
Bourguin (O. I. ⚜), Professeur d'Économie politique, chargé de Cours à la Faculté de Paris.
Mouchet (O. I. ⚜), Professeur de Droit Romain.
Jacquey (O. I. ⚜), Professeur d'Histoire du Droit.
Wahl (O. A. ⚜), Professeur de Procédure Civile.
Peltier (O. A. ⚜), Professeur adjoint.
Collinet, Professeur de Droit Romain.
Margat, Agrégé, chargé de Cours.
Percerou, Agrégé, chargé de Cours.
Guernier, Agrégé, chargé de Cours.
Marie, chargé de Cours.
Barthélemy, chargé de Cours.
Aftalion, chargé de Cours.

ADMINISTRATION

Vallas (O. I. ⚜), Doyen.
Lacour (O. I. ⚜), Assesseur.
Sanson (O. I. ⚜), Secrétaire.

DOYEN HONORAIRE

De Folleville (O. I. ⚜).

SECRÉTAIRE HONORAIRE

Provansal (O. I. ⚜).

AVANT-PROPOS

La question du fondement de la responsabilité patronale en matière d'accidents de travail a été très vivement discutée pendant ces quinze dernières années. Quoique ce débat ait peut-être perdu beaucoup de son intérêt depuis quelque temps, la majorité des législations s'étant ralliées au principe nouveau du risque professionnel, il n'en est pas moins vrai que l'idée n'est pas admise partout de la même façon ; qu'en outre, notamment dans le droit français, sous le régime de la loi du 9 avril 1898, la théorie du risque professionnel n'englobe pas tous les sinistres du travail où la responsabilité du patron est en jeu et qu'alors celle-ci peut changer de base. Sans doute à ce point de vue des fondements différents que l'on devra, dans la législation actuelle, attribuer selon les cas à la dette de l'employeur vis-à-vis de son employé victime du travail, il faut reconnaître que la période présente est transitoire et que la législation du travail une fois mise en harmonie toute entière avec l'évolution juridique ne permettra plus de s'arrêter à ce côté de la question ; il est néanmoins nécessaire de la prendre telle qu'elle est aujourd'hui.

Bref à la responsabilité comme on l'envisageait encore sans grandes divergences, il y a vingt ans, va succéder une obligation légale très étendue : il n'est pas téméraire de soutenir qu'une contrainte de cette nature, dont les exemples sont rares législativement, vaut qu'on s'y attarde pour vérifier son utilité et voir si, ainsi que le soutenait un éminent jurisconsulte, « dans l'état actuel des esprits le législateur ferait une loi politique », si « la justice et le droit commun suffisent et si la loi serait une loi de faveur, de privilège » (1).

Cette étude sera divisée de la façon suivante :

Chapitre Ier. — Principes généraux.
Chapitre II. — Application des principes à la question des accidents de travail.
Chapitre III. — Du risque professionnel.
Chapitre IV. — Législation française.
Chapitre V. — Législations étrangères.

(1) LABBÉ. Note sous un arrêt de Sirey, 1885, 4, p. 25.

CHAPITRE PREMIER

PRINCIPES GÉNÉRAUX

SECTION PREMIÈRE

Définition de la Responsabilité

On a souvent répété, depuis l'étude de M. Sourdat, que la responsabilité est « l'obligation de réparer le préjudice résultant d'un fait dont on est l'auteur direct ou indirect » (1). Cette définition exacte lorsqu'on se place en face d'un délit ou d'un quasi-délit civils, comme l'a fait l'auteur cité, est trop étroite pour donner au mot toute son étendue. Sans prétendre, à l'instar de M. Sainctelette, employer les termes différents de responsabilité et de garantie pour désigner par le premier l'obligation réparatrice d'un délit ou d'un quasi-délit, par le second celle qui naît de l'inexécution d'un contrat (2), on peut considérer la responsabilité

(1) SOURDAT : *Traité de la Responsabilité*, t. I, p. 1.
(2) SAINCTELETTE : *Responsabilité et Garantie*, p. 8 et s.

en général comme l'obligation pour une personne de rendre compte à une autre d'une situation dont elle est l'auteur.

Cette définition semble plus large que celle de M. Sourdat. En effet, supposez une convention intervenue entre vous et un tiers : vous n'observez pas les règles du contrat ; vous créez ainsi une situation dont vous êtes responsable. Sans doute, c'est votre fait d'abstention qui en est la cause ; mais si cet acte ne s'adaptait pas à une situation antérieure, résultat de l'échange de volontés, pour la modifier, il n'aurait par lui-même aucun effet. On ne peut considérer ici la responsabilité comme l'obligation de réparer les conséquences d'un fait, puisqu'en soi celui-ci n'en aurait aucune, sans l'accord antérieur ; mais à côté de ce fait, il y a une situation transformée dont vous êtes l'auteur et c'est cette transformation qui engage votre responsabilité plutôt que l'acte qui l'a fait naître.

Au contraire, lorsque vous gérez l'affaire d'autrui pour lui être utile et que votre intervention a pour conséquence de diminuer le patrimoine géré, quand vous agissez à l'égard d'un tiers de façon à violer intentionnellement ou non les droits généraux qu'il a, comme tout autre, dans la société, c'est votre fait qui engendre la situation dont vous êtes tenu et il y suffit à lui seul, sans aucune antériorité. La définition de M. Sourdat est alors satisfaisante.

Ainsi conçue la responsabilité est une obligation qui puise son existence aux mêmes sources que toutes autres : le contrat, le quasi-contrat, le délit ou le quasi-délit ; la loi à titre exceptionnel, en écartant bien entendu la responsabilité pénale, obligation de rendre compte à la société des infractions commises contre l'ordre social, qui n'a guère à voir dans cette étude. La responsabilité présente donc deux aspects généraux : c'est la responsabilité contractuelle, quand elle dérive d'un contrat ou quasi-contrat ; délictuelle, si elle provient d'un délit ou quasi-délit.

Section II

Conséquences de la conception précédente : Eléments fondamentaux de la responsabilité

§ I. — La Faute

De la définition posée, il ressort qu'en première ligne, pour que la responsabilité existe, il faut un acte dont le responsable soit l'auteur, ce qui l'oblige à en rendre compte. Cet acte, on peut le qualifier dans un sens large de personnel, en prenant le mot dans l'acception non seulement de fait accompli par l'individu lui-même, mais encore de fait d'autrui dont il est la cause initiale. Et cette action personnelle semble, *a priori*, tellement nécessaire qu'on s'imagine difficilement quelqu'un tenu de répondre d'une situation à laquelle il est totalement étranger. Il paraîtrait absurde de vouloir qu'un tiers en dehors duquel une convention s'est passée fut, d'une façon quelconque, obligé par les violations que les parties ont commises à leur engagement : ainsi Paul ne livre pas à Jacques le cheval qu'il lui a vendu ; on ne voit pas pourquoi Pierre serait forcé, à cette occasion, d'indemniser Jacques, alors qu'il ne le connaît pas plus que son vendeur, qu'il ignore l'existence de la vente, n'est pour rien, en un mot, dans l'opération. Le même raisonnement s'appliquerait avec pareille logique à l'hypothèse d'un quasi-contrat, d'un délit ou d'un quasi-délit.

Le fait personnel créateur de responsabilité constitue toujours une infraction soit à un accord entre parties, soit aux droits généraux des hommes vivant en société : on lui a, par suite, très justement donné une dénomination caractéristique en l'appelant une faute. Nul terme ne pouvait mieux exprimer cette idée de la personne qui doit marcher dans la voie qui lui est tracée par les termes de son contrat ou les lois sanctionnatrices des droits de chacun et qui, incapable de la suivre ou s'y refusant, tombe *(fallit)* dans une autre voie ou sur la route même sans aller jusqu'au bout.

Cette notion amène avec elle cette autre que l'acte générateur de responsabilité doit être dans une certaine mesure volontaire : on ne peut en effet incriminer que celui qui s'écarte de la voie droite parce qu'il le veut ou a trop présumé de ses forces. Volontaire ne signifie pas forcément intentionnel : car l'on a pu violer une convention ou un droit sans préméditation et par suite des circonstances; mais celles-ci mêmes ne sont pas le pur effet du hasard; elles ont été connues de l'agent responsable qui n'a pas modifié sa façon d'agir faute d'avoir songé qu'elles pouvaient avoir le résultat présent. Ainsi un individu jette sans réflexion un objet sur la rue et blesse un passant : il l'a fait sans intention et son acte est pourtant volontaire, car pour être irréfléchi, il n'est pas impulsif; son auteur eut dû penser aux conséquences et ce défaut de réflexion constitue une faute; ce qui explique l'existence de la responsabilité dans le quasi-délit.

Si cet élément volontaire de l'acte est constitutif de la faute, il s'ensuit que, lorsque la volonté ne se révèle ou n'existe à aucun degré chez son auteur, la responsabilité cesse à son tour d'exister : c'est ce qui arrive s'il a été accompli par un fou, un enfant en bas âge ou un animal. Par une conséquence identique, on doit écarter comme base de responsabilité toute une série de faits involontaires en même temps qu'impersonnels résultant de circonstances imprévues, telle que l'œuvre des forces naturelles (inondation, tremblement de terre, foudre, etc.), celle des forces humaines en conflit comme la guerre, ou même la faiblesse humaine dans la maladie ou la mort : autrement dit le cas fortuit et la force majeure ne fondent pas de responsabilité. Ce sont des œuvres du hasard dont l'auteur n'a rien à voir avec les sanctions humaines.

La même idée permet de déclarer que, si l'assistance est justifiée et désirable au point de vue moral, elle ne saurait être obligatoire juridiquement; la situation du malheureux est peut-être, au gré de certains économistes, le résultat d'une organisation sociale défectueuse; elle ne peut en droit s'expliquer par le fait d'un individu ou d'une catégorie d'individus et nul par suite n'en est responsable. Ce n'est pas à dire, sous l'apparence sèche et roide de la théorie, que la charité ne soit juridiquement même souhaitable ; elle doit être conseillée et organisée largement, être considérée comme une obligation naturelle, mais il n'est jamais possible de lui donner le caractère d'un droit ; ce serait lui attribuer une sanction qui aboutirait pour l'individu ou la collectivité à la responsabilité d'une situation, à la formation de laquelle ils n'ont pris aucune part.

Mais suffit-il, pour que la responsabilité se produise, d'un acte personnel *lato sensu* et volontaire? L'admettre serait à coup sûr aller trop loin. Car, si d'une façon très générale, chacun doit compte de ses œuvres, il en est d'abord qui ne relèvent que de la morale et sortent du domaine du droit. Dans le cercle juridique lui-même plus étroit, il y a des actes dont l'accomplissement ne suppose pas un écart de la voie droite que l'on pourrait stigmatiser de faute : vous refusez volontairement d'exécuter une convention, mais parce que, par hypothèse, votre consentement lors de l'échange des accords a été vicié, devrez-vous rendre compte de cette violation du contrat ? Evidemment non ; car vous ne faites qu'user d'un droit légitime en ne remplissant pas une obligation irrégulièrement liée ; et cette irrégularité établie en effet, la convention n'existe pas et vous n'avez rien à exécuter. Supposons encore que, propriétaire d'un terrain, vous le fouilliez et y trouviez une source ; vous tarissez du même coup par votre fait volontaire le puits du voisin : peut-il vous en demander compte ? Pas davantage ; et toujours parce que vous ne faites qu'user du droit absolu de tout propriétaire sur son sol. Bref pour que la faute soit, il faut que l'action incriminée ait un caractère illicite ; et ici encore le mot est pris dans le sens large de contraire, soit à la loi proprement dite, soit à la loi des parties résultant de leurs accords librement échangés.

L'acte personnel, volontaire et illicite, constitutif de la faute peut donc revêtir deux formes générales : s'appliquer à un contrat ou quasi-contrat, auquel cas on le qualifiera de faute contractuelle ; ou bien à un délit ou quasi-délit et alors il prendra le nom de faute délictuelle. L'intérêt de cette distinction n'apparaît guère à première vue. On s'en demanderait à juste titre le motif, si elle n'avait d'autre but que d'indiquer l'occasion du fait coupable.

On a prétendu toutefois y trouver tout particulièrement intérêt dans la nécessité de soumettre la preuve à des règles différentes. Dans le contrat, si l'une des parties n'exécute pas, elle est responsable : pour invoquer cette responsabilité, que devra établir l'autre contractant ? Simplement l'inexécution, et ce sera à la première, pour se libérer, à prouver qu'elle n'a point commis de faute, que son fait est involontaire ou licite. S'il s'agit d'un délit au contraire, la victime au détriment de laquelle la violation du droit a eu lieu, assimilable au contractant au désavantage duquel l'accord n'a pas été rempli, devra établir non seulement le fait créateur de responsabilité, violation du droit, mais encore son caractère de culpabilité, c'est-à-dire, qu'il est personnel et volontaire. Le délinquant, comparable au premier des contractants de tout à l'heure, se trouve dans une situation absolument opposée au point de vue de la preuve, puisqu'elle ne pèse en aucune façon sur lui. En matière contractuelle, il y a présomption de faute à la charge de celui qui n'exécute pas ; en matière délictuelle, il n'en est rien.

L'argumentation est inexacte : celui qui invoque la responsabilité de l'autre partie dans une convention, prétend que celle-ci n'a pas été accomplie. Eh bien ! cette preuve d'inexécution n'est précisément que celle de la faute commise par son adversaire. Pour établir l'inexécution, ne doit-il pas prouver le fait qui en est l'origine ? On objecte que le fait à démontrer est bien différent selon les espèces : pour le contrat, c'est l'inexécution elle-même et elle seule ; pour le délit, ce n'est pas l'acte délictuel seul, mais sa cause. Cela tient simplement à ce que la faute ne consiste pas dans le même fait pour les deux cas : pour la convention, elle se cantonne dans la simple inexécution parce que c'est un acte volontaire et illicite que de ne pas accomplir une obligation que l'on a assumée ; volontaire, car en général on ne s'abstient pas sans le vouloir ; illicite, parce qu'il contrevient à la règle qui enchaîne les parties. Dans le délit, ce n'est pas la seule action dommageable à autrui qui constitue une faute, c'est de l'avoir commise volontairement et illicitement, ce qui ne ressort plus nécessairement de la violation accomplie.

Mais cela revient à la présomption pour la première hypothèse, dira-t-on. Pas absolument : car si l'obligation conventionnelle est ainsi conclue que l'on n'y manquera que lorsque, par une faute, un événement déterminé se produira, celui qui invoque la responsabilité devra établir non seulement la réalisation de l'événement prévu, mais sa cause coupable. La situation de la victime d'un délit est identique : car l'auteur n'en est responsable à son égard que par son action personnelle, volontaire et illicite et non par son action simplement, quelle qu'en soit la cause. Quoique la comparaison soit téméraire, il y a, pour ainsi dire, alors accord tacite entre les hommes dans leurs relations sociales qu'ils pourront violer leurs droits réciproques avec responsabilité de leur part quand cette violation sera fautive.

Bref, il n'est pas absolument vrai de soutenir qu'en matière de responsabilité contractuelle, il y a une présomption de la faute à la charge du contractant qui n'exécute pas son obligation ; celle-ci n'existe que selon les termes et la nature de la convention ; et, dans nombre d'hypothèses, la situation est la même que pour la responsabilité délictuelle.

Toutefois, si la distinction qu'on a voulu établir entre les deux espèces de responsabilité, au point de vue de la preuve, n'est pas complètement fondée, il y en a d'autres plus réelles. Les faits constitutifs de faute d'abord, doivent être différemment envisagés, selon le genre de responsabilité examiné. En effet, pour la faute contractuelle, l'accord des parties limite, par lui-même, le fait coupable à retenir. Ce ne peut être que celui qui viole la convention ; or, s'il est bien évident qu'à première vue un manquement quelconque au contrat peut constituer une faute, on comprend aussi qu'il faut tenir compte du lien qui unit les parties. Il suppose en quelque sorte chez ceux qui l'ont formé une confiance réciproque qui les porte à se montrer dans leurs relations, moins rigoureux que s'ils ne se connaîssaient pas ; ils ne doivent s'incriminer, pensera-t-on, que si véritablement l'un d'eux a excédé cette confiance, a agi méchamment ou trop maladroitement. De là l'idée de ne comprendre dans la faute contractuelle que le fait grave, quasi-dolosif et celui de négligence avérée que n'accomplirait pas un homme idéalement diligent ou bon père de famille.

Il en est autrement de la faute délictuelle. Aucun lien ne rattache la victime et l'auteur du fait, donc aucune raison ne milite en faveur de concessions quelconques. Et il s'agit de la violation de droits généraux appartenant à tout individu que, pour le bon ordre social, on doit faire respecter de la façon la plus complète. Aussi, décide-t-on avec raison que tout acte violateur de ces droits constituera la faute délictuelle, si mince qu'il soit, fut-il une simple négligence ou imprudence. A cet égard, la responsabilité délictuelle est plus large que celle qui dérive d'un contrat.

Les raisons que nous venons d'indiquer conduisent à d'autres divergences. En général, la responsabilité contractuelle n'est mise en jeu que par une décision expresse du lésé, une mise en demeure qui est inutile et inexigée pour la responsabilité délictuelle. Pourquoi, si ce n'est à cause du lien qui dans le contrat doit pousser les parties à des égards réciproques, motif évidemment sans portée en présence d'un délit? Il en est de même encore des règles par lesquelles le législateur songe à imposer des réserves dans la fixation de la réparation du dommage causé par la faute contractuelle et les abandonne pour celui qui provient d'un délit. On peut signaler sur ce point les articles 1149 et 1150 de notre code civil applicables à la responsabilité contractuelle et point à la responsabilité délictuelle.

§ II. — Le préjudice.

Il semble établi jusqu'à présent que la responsabilité exige comme élément fondamental une faute. Mais est-ce suffisant? A en revenir à la définition donnée précédemment, il apparaît bien que non ; il faudrait en effet, si l'on s'en souvient, que l'auteur de l'acte coupable ait créé ainsi pour un autre uue situation dont il ait à rendre compte. Qu'importe en effet qu'un individu ait accompli volontairement un fait illicite, si celui-ci n'a pas eu pour résultat de porter atteinte à la fortune ou à la personne d'autrui? On se demanderait avec raison pourquoi un créancier serait indemnisé à cause de l'inexécution par son débiteur de la convention qui les lie, si celle-ci ne présente pour lui que des charges non compensées par les obligations corrélatives de son cocontractant. Il y aurait non moins lieu de s'étonner de voir quelqu'un réclamer une réparation à un autre, parce que ce dernier a agi envers lui contrairement à la loi, mais sans qu'il en soit résulté pour lui le moindre ennui ou inconvénient : un homme traverse un enclos, il n'est point permis de pénétrer de la sorte sur le terrain d'autrui ; mais cette action n'a causé aucune détérioration, elle n'est en outre qu'un fait passager dont l'auteur ne prétend tirer aucun droit. Il serait peu raisonnable de la part du propriétaire de prétendre en tirer une responsabilité pour le passant. En résumé il ne suffit pas que le fait volontaire et illicite ait provoqué une situation quelconque : il est nécessaire que celle-ci soit préjudiciable à celui qui la subit. La responsabilité se fonde sur un deuxième élément : le Dommage ou le Préjudice.

Si la nécessité du préjudice n'a jamais été contestée, il en est autrement de celle de la faute. Pourquoi, a-t-on soutenu, exiger pour en accorder la réparation à la personne qui l'éprouve que le dommage provienne d'une faute ? Ne suffit-il donc pas que la preuve soit faite de sa réalité et de son étendue ; que l'origine en soit établie et qu'elle puisse le rattacher à un individu déterminé ; qu'il soit démontré que si ce n'est point par le fait direct de cette personne, c'est du moins par une cause quelconque, à laquelle elle n'est pas étrangère, par un évènement « dont elle n'a été que l'occasion » ? « En thèse générale, comme le disait le tribun Bertrand de Greuille dans son rapport au Tribunal le 6 février 1803, à propos de l'article 1382 du Code Civil, rien de ce qui appartient à quelqu'un ne peut nuire impunément à un autre ». La conséquence logique est que pour qu'une réparation fut due, il devrait suffire de la preuve du dommage et de l'indentité de celui dont l'acte ou la chose l'a causé. Ajoutez que l'intérêt de la victime semble plus digne de considération que celui de l'individu dont le fait, fut-il involontaire, imprévu, auquel il n'avait pris personnellement aucune part, mais provenant de sa chose « de ce qui lui appartient », a seul causé le préjudice.

On ne peut dissimuler que cette théorie s'appuie sur un raisonnement séduisant, quoique spécieux, et sur un sentiment très respectable d'équité; et il n'est pas inutile à une époque où, particulièrement dans la question des accidents du travail, on a insisté sur les « préjugés » (1) existant en matière de faute, de constater que, sans grand succès, ils ont été combattus.

Sans entrer dans l'examen des textes du Code civil, à propos desquels le système exposé a été proposé, il est suffisant de montrer que rationnellement il est inadmissible. C'est d'ailleurs la seule méthode à suivre dans ce chapitre consacré aux principes de la matière; au surplus, les jurisconsultes, dont la conception vient d'être développée, contestent moins l'application jurisprudentielle de ces textes, qui exigent la faute, que leur valeur législative et concluent naturellement à leur réformation (2).

Certes, on comprend sans peine que le fait de l'homme

(1) Sénat, séance du 4 mars 1898 : parole de M. Thévenet, *Journal Officiel*, débats parlementaires 1898, Sénat, p. 258.

(2) Théorie exposée par M. Muteau qui la combat dans son livre : *De la responsabilité civile* (1898, Paris), p. 3 et suivantes ; parmi ses partisans, il indique M. Saleilles. On la retrouve esquissée vaguement, mais sans référence à un système général, dans Demolombe, *Droit civil*, t. XXXI, p. 404, Nos 468 et 485, et dans Marcadé, *Droit civil*, t. V, p. 268.

entraîne pour lui l'obligation d'en subir les conséquences et spécialement d'indemniser celui auquel il aura causé préjudice. Le sentiment naturel et primordial chez le juriste en présence d'un dommage, c'est qu'il doit être réparé ; il correspond à l'entraînement qui saisit en face d'une douleur ou d'une blessure : le premier mouvement est de la soigner et de la guérir. Mais le sentiment, si louable qu'il soit, n'exclut pas le raisonnement : on n'imagine pas une dette de réparation sans y chercher une cause ; et alors il s'agit de vérifier si un simple fait préjudiciable en constitue une satisfaisante. On parle d'équité pour la victime ; mais l'équité (n'est-ce pas son sens même ?) suppose une égalité de traitement entre les hommes dans leurs rapports, une balance aussi exacte que possible entre leurs situations. Elle veut, par conséquent, pour que l'individu soit tenu, si l'équilibre est rompu, que ce soit au moins par un mouvement, dont la cause initiale se trouve dans des modifications humaines des relations sociales et non par un déplacement accidentel et étranger à ces dernières.

Que dirait-on du savant qui, ayant à établir les lois de l'équilibre, commencerait par poser en règle générale et supérieure à toutes autres que l'équilibre ne peut être rompu que par des causes accidentelles, tandis que le placement normal de poids inégaux dans les plateaux de la balance est une cause exceptionnelle ? Qu'il a raisonné à rebours et donné l'exception pour le principe. Le même reproche s'adresserait au juriste qui emploierait un procédé analogue pour déterminer les règles de l'équité : oui, celle-ci sera violée quelquefois par des faits accidentels ; mais alors cette violation sera en dehors des règles normales et aura un caractère exceptionnel ; et il est impossible d'en rendre qui que ce soit responsable, non plus qu'on attribuera au géomètre ou au constructeur le défaut d'équilibre de son travail, parce qu'un bolide vient en déranger l'harmonie.

Ce que le juriste doit envisager, c'est l'équité modifiée dans des conditions normales, autrement dit par un fait humain imputable à un individu dans une certaine mesure, imputabilité dont une faute seule peut être l'origine à un degré plus ou moins élevé. On objecte que raisonner ainsi est une naïveté, car le fait coupable est évidemment sujet à réparation, *a fortiori* du fait simplement préjudiciable, puisqu'il ne saurait y avoir d'acte fautif qui ne causât en même temps un dommage. La question n'est pas là : elle a trait au fait préjudiciable seul. Outre qu'il peut se rencontrer des actes fautifs et non dommageables, il est certain que le fait dommageable doit se rattacher à une intervention humaine qni suppose une mise en œuvre de la volonté individuelle dans un sens déterminé ; les partisans du système adverse l'admettent. Comment discuter que cet exercice des facultés personnelles d'une façon illicite ne soit et ne doive être une faute ? C'est jouer sur les mots : établir l'origine du dommage et le rattacher à une personne, c'est démontrer l'intervention de celle-ci contrairement aux droits de la victime, autant dire exiger une faute de l'agent responsable. Si au contraire, le fait préjudiciable n'est plus un acte humain, mais un événement qui n'est dû à la participation active ou passive de personne, il ne saurait créer d'obligation humaine : décider autrement serait précisément violer l'équité qu'on invoque et dont on tourne la notion au profit constant de la victime ; prendre la question par le côté sympathique ou sentimental n'est pas la résoudre et n'assure pas pour cela l'exactitude du système.

En somme on a dit avec justesse que la condition de responsabilité, en vertu de laquelle le fait dommageable doit constituer une faute, est « un principe incontestable de justice éternelle et d'équité » (1).

Ces principes fondamentaux de la responsabilité ont été admis de tout temps. Les législations primitives elles mêmes ne semblent pas l'avoir conçue comme provenant d'une autre source que d'un acte personnel au sens large, volontaire et illicite ; que celui-ci ait été considéré uniquement à l'origine comme un délit, peu importe ; il doit exister. Dans les civilisations plus avancées, la réglementation légale correspond à la même conception rationnelle ; c'est ainsi qu'on la trouve dans le droit romain classique, dans l'ancien droit français et le Code Civil.

Faut-il conclure qu'en législation, sinon en raison, dans les cas imprévus et en dehors de l'action humaine, la responsabilité n'existera jamais ? Ce serait sûrement dépasser les bornes du rigorisme : il y a des cas où

(1) Voir sur cette discussion : MUTEAU. *De la responsabilité civile*, 1898, p. 3 et s. — Cfer. Huc : *Droit Civil*, t. VIII, p. 532 et suiv.

l'humanité l'emporte sur l'équité stricte. Ainsi l'obligation d'assistance existe à titre de droit, exceptionnellement sous la forme alimentaire, entre certaines personnes. Mais c'est une obligation à part, de nature légale, qu'il était bon de relever, surtout ici, parce qu'elle fournit en raison de son caractère un rapprochement curieux avec celle qui pèse sur le patron, en cas d'accident de travail, en vertu de la loi du 9 avril 1898 ; peut-être même au fond, ne serait-il pas impossible de trouver à cette dernière un motif analogue.

CHAPITRE II

APPLICATION DES PRINCIPES A LA QUESTION DES ACCIDENTS DE TRAVAIL

Les principes posés, il s'agit maintenant de les appliquer à la question des accidents de travail et d'en voir le résultat pour la mise en jeu de la responsabilité patronale. La matière s'y prêtait d'autant mieux, avant la législation nouvelle de 1898, qu'aucune disposition spéciale et d'ensemble de notre droit n'avait réglementé la responsabilité dans l'espèce. Un ouvrier est blessé ou tué par un événement quelconque : le préjudice est certain, mais cette situation dommageable du travailleur ne suffit pas. Elle est indubitablement digne de pitié et d'intérêt; toutefois pour qu'elle crée, au profit de celui qui s'y trouve, une obligation de lui en tenir compte, il faut qu'elle provienne du fait personnel, volontaire et illicite d'un autre individu. Celui-ci sera-t-il toujours et fatalement le patron? Evidemment non. Et ici le domaine de cette étude se limite immédiatement.

Section première

Détermination du champ d'application de la responsabilité patronale.

On peut supposer tout d'abord que l'accident a frappé l'ouvrier en dehors de son travail et sans que ce travail y ait la moindre part : l'employé au sortir de l'atelier est rendu, pour ainsi dire, à la vie ordinaire et si un évènement malheureux survient pour lui à ce moment, on doit en faire remonter la cause à sa source véritable et écarter toute notion d'ouvrage et d'ouvrier. Si en effet rentrant chez lui ou se promenant, il reçoit une pierre sur la tête ou est écrasé par une voiture, il pourra s'en prendre à celui qui a jeté le caillou ou au propriétaire du véhicule; mais il serait absurde de soutenir alors que sa qualité d'ouvrier lui donne droit à réparation par son patron : cette qualité serait à elle-même insuffisante et en outre elle cesse de lui appartenir une fois hors de l'atelier. La responsabilité patronale ne saurait être en jeu dans cette hypothèse.

Imaginez ensuite que l'évènement accidentel provient de l'intervention d'un tiers sans rapport spécial avec la victime; un terrassier creuse un terrain pour y établir les fondations d'une maison; passe un curieux maladroit qui pousse du pied une brique sur le bord du trou où travaille l'homme et l'atteint si malheureusement qu'il le blesse grièvement. Point de responsabilité patronale non plus ici. L'ouvrier pourra réclamer une indemnité au passant dont l'imprudence a déterminé sa blessure : car non seulement la situation préjudiciable s'est produite, mais elle a un auteur humain qui est tenu d'en répondre pour l'avoir provoquée par son fait volontaire et illicite. Cependant on ne voit et on ne peut voir apparaître une obligation du même genre pour l'entrepreneur du bâtiment, patron de la victime, puisqu'il est étranger au fait générateur de l'accident. Peut-être serait-on tenté de dire que si celui-ci est arrivé, c'est parce que le maître a placé l'ouvrier dans cette entreprise, ce qui constituerait de sa part un acte indirect dont l'existence concomitante au dommage ressenti amènerait la réunion des deux éléments fondamentaux de la responsabilité.

Ce raisonnement serait exagéré ; il semble évident que, pour qu'un individu ait à rendre compte à un autre d'une situation que ce dernier subit, il soit nécessaire que l'acte reproché ait un véritable rapport de cause à effet avec cette situation ; or il n'en est pas ainsi pour le patron, quand l'événement est le résultat de l'ingérence d'un tiers étranger à l'exploitation. Le maître place son ouvrier pour travailler, voilà son acte : peut-on-dire que c'est par ce fait qu'a été amenée la chute de la pierre et la blessure ? Très certainement non ; dès lors le préjudice a pris naissance en dehors de lui.

En conséquence, toutes les fois que le sinistre provient de l'intervention d'un tiers, la responsabilité patronale est hors de mise et ce point de vue devrait être totalement écarté de notre sujet. On verra néanmoins qu'avec la loi nouvelle de 1898, le maître est responsable, même quand l'acte générateur a été commis par un étranger, sauf son recours contre ce dernier, pourvu que l'accident se soit produit à l'occasion du travail ou par le fait du travail.

Dès que nous abandonnons les espèces précédentes pour examiner celle où le travailleur est atteint durant sa besogne, par le fait ou à l'occasion de celle-ci, la responsabilité patronale entre en jeu ; car l'obligation de répondre de la situation existante se cantonne entre deux personnes : la victime et son maître. Le préjudice toujours indéniable en général, provient alors soit du fait de l'employé, soit de l'acte personnel au sens large de l'employeur, soit enfin de circonstances imprévues survenues au cours du travail et constitutives de cas fortuit ou force majeure.

C'est à cette hypothèse unique d'apparence, multiple dans ses manifestations, qu'il faut se référer pour raisonner sur la question à laquelle se bornent nos investigations.

Section II

Application des Principes

Envisageons-donc l'espèce : un ouvrier travaillant dans une usine, est blessé au cours de sa besogne, par exemple, par la chute d'une masse de fer. Cet événement met le travailleur dans l'impossibilité d'exercer sa profession soit pour un temps ou pour toujours, soit aussi bien qu'auparavant ; il lui cause un dommage et le premier élément de la responsabilité existe. Mais l'obligation de réparer ce préjudice ne naît que pour son auteur.

En conséquence, si le fait dommageable provient du patron lui-même, qui en travaillant avec son employé a amené la chute de l'objet ou n'a pas pris les précautions nécessaires pour l'empêcher, s'il est encore l'œuvre d'un contre-maître ou d'un autre ouvrier exécutant les ordres du maître, il y aura fait personnel du patron au sens sus-indiqué et il devra réparer le dommage subi par la victime.

Si, au contraire, l'accident provient de cette dernière qui, par exemple, a voulu descendre seule et sans aide une masse trop lourde pour ses forces, ou est venue se placer, malgré les injonctions réitérées qui lui étaient faites, sous l'objet dangereux durant son déplacement, c'est alors elle qui a créé la situation préjudiciable, et en sa qualité d'auteur, elle se doit à elle-même réparation ; autrement dit, l'employé ne peut prétendre alors mettre en question l'employeur et lui réclamer une indemnité du chef sinistre éprouvé.

On sait enfin que si l'événement préjudiciable est la suite de circonstances imprévues et extra-humaines, la responsabilité humaine est hors de cause. Or, il se peut, également que, dans notre exemple, l'accident soit un de ceux que nulle science ou volonté ne peut supposer, ni empêcher, non plus que les faire naître ; telle serait la chute du morceau de fer sous l'impulsion d'un tremblement de terre. Il est bien certain que si, dans ce cas, la charité commande au patron, mieux partagé du sort, d'avoir pitié de son ouvrier et de l'assister, l'équité ne lui ordonne rien strictement et la responsabilité en droit ne pèse plus sur lui.

Ne peut-on soutenir toutefois que d'une façon générale, et sauf les hypothèses d'événements complétement extérieurs à l'homme, tel que la mort par un coup de foudre au cours du travail, c'est la chose du patron qui cause l'accident et qu'il y a ainsi dans l'immense majorité des cas à allure fortuite, un fait personnel au sens large : le sinistre provient d'une chose dépendant de lui ou dont il est propriétaire. Cette théorie, qui n'est admise en législation que dans des cas exceptionnels et strictement limités, ne saurait se défendre rationnellement : car si la chose du maître est bien souvent l'instrument de l'accident, on ne peut dire vraîment qu'elle est la cause de la responsabilité ; à la base de celle-ci, il faut, non un simple fait, chute d'un corps ou contact avec lui, mais un acte volontaire et illicite, révélant par suite une certaine spontanéïté, une ingérence humaine. Quand le patron n'a pas lui-même ou par ses sous-ordres exercé cette influence humaine sur l'événement, on ne saurait le considérer comme fautif, parce que sa chose s'est trouvée en dehors de sa volonté créer une situation dommageable. C'est un phénomène que rien ne pouvait faire prévoir et qui rentre dans la même catégorie que ceux absolument en dehors de l'action individuelle, comme la mise en jeu des forces naturelles.

Tel est le résultat de l'application des principes à la

responsabilité patronale à l'égard des accidents de travail ; elle n'existe qu'au cas où l'événement aurait été provoqué à un degré quelconque par le fait personnel de l'employeur largement entendu ; dans toute autre hypothèse la victime seule devra en supporter les conséquences.

Section III

La situation sociale en face des principes.

Rien, en somme, ne paraît plus aisé, en théorie, que d'établir l'obligation de réparation à la charge du patron : il suffira à la victime de prouver l'acte personnel, volontaire et illicite de ce dernier, le préjudice sautant aux yeux par les conséquences de l'accident. Mais la situation change d'aspect quand on passe à la pratique et aux faits concrets.

L'ouvrier, atteint au cours de son travail, veut exercer une action en responsabilité contre son patron qui, ne se considérant pas comme tenu des suites de l'événement, lui refuse une réparation amiable. Il lui faut faire, d'abord et en principe, les frais d'un procès, au moment précis où il cesse d'avoir des ressources. Ceci, toutefois, n'est qu'accessoire ; car il se trouvera le plus souvent dans un état d'indigence suffisant, pour obtenir l'assistance judiciaire.

Mais, outre les lenteurs qui peuvent se produire à-propos de cette assistance, tout n'est pas fini pour le travailleur impotent, dès qu'il lui est loisible d'entamer un procès gratuitement : il doit, alors, suivre le débat et, grief principal qui a été relevé pour montrer la situation critique de la victime, y apporter tous les éléments de preuve nécessaires. En effet, il a été constaté déjà que, quelle que soit la nature des apports existants entre l'employé et l'employeur, relations contractuelles ou délictuelles, la preuve de la faute du maître doit être fournie par l'ouvrier qui invoque contre lui une obligation de réparation. A défaut par lui d'y atteindre, il supporte seul toutes les conséquences de l'accident qui est censé, alors, être arrivé fortuitement ou par sa faute.

Et cette charge a vraiment, pour la victime, une portée considérable, si l'on se rend compte que très fréquemment, elle sera dans l'impossibilité d'établir la faute patronale : le temps s'est écoulé au moment de l'enquête ou de l'expertise prescrites par le tribunal, les témoins n'ont que des souvenirs trop vagues ou les lieux ont changé d'aspect. La preuve ne peut avoir lieu parce que par la force des choses on a trop tardé. Le travailleur succombe dans sa demande ; il est non seulement impotent ou incapable de se livrer à des besognes aussi rémunératrices que jadis, mais de plus sans ressources, sans compensation.

La situation, pourtant à cet égard, est facile à améliorer par une réforme dans le sens de la rapidité de la procédure et surtout de l'organisation d'une enquête immédiatement pratiquée après le sinistre. Rien ne justifie, jusqu'ici, une modification dans les règles de la responsabilité.

Il en est encore de même lorsqu'il est avéré que l'accident est dû exclusivement au fait de l'ouvrier qui a été volontairement au-devant du danger ou l'a provoqué. En présence de son état d'impotence et de misère, la pitié peut jaillir; on conçoit sans peine que le juge, devant lequel il se présente souvent avec ses mutilations ou ses déformations, soit apitoyé et se laisse entraîner à lui attribuer une indemnité; mais au fond c'est une transformation de la responsabilité en charité et une infraction aux lois de la matière.

Mais le véritable côté intéressant, pour envisager la situation pénible où le sinistre met la victime, n'est point dans les hypothèses de faute certaine et sérieuse soit de l'employeur, soit de l'employé : il se rencontre dans les cas malheureusement les plus nombreux où l'évènement est la suite de circonstances imprévues, actuellement multipliées dans l'industrie. On ne peut parler véritablement d'une faute; tout au plus y a-t-il eu une légère imprudence résultat d'un moment d'inattention ou de fatigue; et néanmoins la machine a saisi et broyé le membre ou le corps du malheureux. Ou bien encore, ce qui n'est pas moins fréquent, ce sont des sinistres impossibles à prévenir parce que rien ne les fait attendre, comme les explosions, les écroulements, etc., et le travailleur irrémédiablement atteint n'a droit à aucune indemnité, parce qu'il ne peut établir une faute du patron.

Cela d'ailleurs n'a rien de spécial à l'industrie mécanique où, quoiqu'on en puisse croire à la vue des engins compliqués et mûs avec une vitesse effrayante, les accidents sont les moins nombreux. Dans la plupart des professions, il arrive sans cesse des accidents que le plus souvent on ne saurait imputer à faute à qui que soit : c'est un cheval qui s'emporte ou part avant que son conducteur ait pu prendre les rênes et l'homme tombe, se blesse ou est écrasé; c'est une pierre qui se détache dans une mine, une carrière, une maison en construction : un ouvrier la reçoit et le voilà impotent; et mille autres exemples à citer. Le droit strict écarte alors la responsabilité du patron. Mais le sentiment d'humanité est peut-être le plus fort et il apparaît sans doute qu'il y aurait une réelle équité, plus large que celle conçue en pure raison, à venir en aide à la victime; on verra plus loin par quel enchaînement d'idées, puisque c'est là en somme l'origine de la théorie du Risque professionnel.

Cette situation n'est pas, comme bien on pense, d'imagination. La statistique en effet a montré que la majorité des accidents de travail proviennent de circonstances indépendantes de la volonté ou de faits de si minime importance, qu'on ne peut, à vrai dire, les qualifier de fautes.

La Suisse, dans un relevé établi en 1883, indique que sur 100 accidents :

12 sont dûs à la faute du patron ;

20 — à celle de l'ouvrier ;

68 — au cas fortuit ou de force majeure.

En 1887, sur une même proportion, la statistique allemande révèle 63 accidents imputables au cas fortuit, à la force majeure et à une faute légère (inhabileté ou inattention) (1). Des statistiques françaises invoquées devant la Chambre des députés, le 9 mars 1883, signalent 68 °/₀ d'accidents remontant à des causes indéterminables ou dûs au cas fortuit. En outre, lorsqu'on a essayé de contrôler les heures et les jours où ces événements se produisent, on a trouvé qu'entre neuf heures du matin et midi, entre trois et six heures du soir où la fatigue des travailleurs est plus forte, leur quantité est plus élevée (2) ; on a constaté un résultat sensiblement analogue le lundi pour les hommes, le samedi pour les femmes (3), bien probablement parce que la lassitude chez l'ouvrier qui a trop fêté le repos dominical la veille, chez l'ouvrière à la fin de la semaine, joue ici un rôle identique (4).

En outre, il est également démontré que la majorité des accidents, et par suite la situation précaire des travailleurs, n'est point la conséquence de la transformation mécanique de l'industrie depuis un demi-siècle. Sans doute, le travail manuel a été remplacé dans beaucoup d'exploitations par celui de la machine avec des engins plus ou moins puissants substitués au simple outil ; ce qui entraîne des sinistres dont la cause ne peut être bien fixée et qui ne se fussent point produits autrefois. On a répété avec une pointe de

(1) Bellom. *Lois d'assurances ouvrières à l'Étranger*, t. II, p. 628 et 642. Cfer. Sénat, 10 juin 1895, *J. Off.*, Débats parl. (M. Poirrier, rapporteur).

(2) Idem, p. 635.

(3) *Annuaire statistique de la Suisse*, 1893, p. 291.

(4) Cfer. en ce sens. Chambre des députés, 1893. *J. Off.* Débats parl., p. 1652. Statistique citée par M. Dron.

raison et aussi d'exagération que « l'ouvrier au lieu d'être le maître de son outil, n'est pour ainsi dire qu'un rouage humain surajouté à la machine qui le conduit et le domine » (1).

Mais la statistique apprend aussi que des professions exclusives de l'emploi d'instruments mécaniques sont les plus meurtrières : ainsi celles de charretier, de couvreur, de brasseur. En Suisse, durant l'année 1884 on note :

37 °/₀ de cas mortels dans le roulage ;
34 — dans les carrières ;
contre 8 — environ dans l'industrie mécanique.

Les Allemands, en 1892, constatent qu'ils doivent garantir 25 accidents de roulage, 22 de brasserie et 17 de terrassements contre 12 dans l'industrie du fer, 14 dans les chemins de fer et 5 dans l'industrie textile.

A examiner les formes de l'accident, une statistique suisse révèle que sur 64,351 :

14,848 proviennent de la chute de personnes ;
10,489 de la chute d'objets ;
430 de moteurs en mouvement et de courroies de transmission,
et 5,716 d'autres machines en mouvement. (2)

En Allemagne sur 15,970 accidents, les machines en provoquent 4,287, les autres causes 11,683. (3)

(1) Chambre des députés 1893, précité, p. 34, n. 4.
(2) *Annuaire statistique de la Suisse*, 1895, p. 24.
(3) Bellom. Ouvrage cité, II, p. 619.

En France, pendant l'année 1895 sur 20,390 accidents déclarés, si on en relève :

2,989 provenant de machines et métiers;
137 — de moteurs ;
404 — de transmissions.

On en trouve :

3,256 provenant de chutes d'objets ;
4,275 — de chutes de l'ouvrier ;
2,923 dûs à la manutention de fardeaux ;
1,165 dûs à des outils à main.

Et la proportion reste à peu près identique en 1896. (1)

Bref un quart des sinistres est imputable aux machines. La plus grande partie est donc le résultat de chutes de personnes et d'objets, ce qui s'est rencontré de tout temps avec un caractère plus meurtrier même autrefois, quand l'effort de l'homme n'était pas allégé par le secours de l'appareil inanimé. Nul n'ignore que l'industrie minière est devenue, grâce aux engins mécaniques, moins dangereuse que jadis où le minerai était remonté à dos d'homme le long des échelles. La seule constatation exacte, c'est que le machinisme a amené plus d'accidents qu'auparavant parce qu'il a ouvert la voie à des industries nouvelles plus nombreuses; celles-ci ont employé un chiffre plus élevé de travailleurs et dans une masse plus importante la somme générale des sinistres a augmenté.

En résumé on doit reconnaître que la situation de l'ouvrier exposé sans cesse à des accidents de pure

(1) *Bulletin de l'Office du Travail*, 1897, p. 261 et 1898, p. 190.

circonstance et d'allure fortuite, privé par une application régulière des principes juridiques de toute indemnité, est digne de considération; qu'il semble juste d'essayer de l'améliorer. Mais il ne faut pas pour cela au nom d'une prétendue équité supprimer toute raison et céder à une sentimentalité exagérée. Le patron notamment n'est point le bouc émissaire désigné pour supporter toutes les conséquences du travail, sans examiner si les charges qu'il subira ainsi ne vont pas excéder ses forces industrielles. Et le procédé d'amélioration, qui se fonderait sur cette idée, aboutirait fatalement, comme toute mesure excessive, à l'injustice inverse de l'ancienne; il créerait en retour une situation non moins précaire pour le patron qui, s'il ne parvient à retrouver la compensation des charges qu'on lui impose dans le prix de production, succombera sous les coups de la concurrence, auxiliaire du travail de désagrégement entamé par la réparation des accidents. Pour être maître à ce prix, autant abandonner de suite la place à l'ouvrier pour prendre la sienne. (1)

Voyons maintenant les moyens employés en pratique ou préconisés en doctrine avant celui qu'a consacré la loi de 1898 pour adoucir le sort des victimes du travail.

(1) Darbot. Sénat, Séance du 3 mars 1898. *J. Off.* Débats parl., Sénat, 1898, p. 236.

SECTION IV

Evolution jurisprudentielle.

Les tribunaux sont les arbitres naturels pour trancher la question de la responsabilité entre patrons et ouvriers en cas d'accident. Cependant, ils sont liés par les textes ; c'est toujours avec une certaine difficulté et par une interprétation abusive qu'ils parviennent à les adapter à des situations qu'ils n'ont pas été faits pour régler.

Il paraît donc certain que la jurisprudence, les textes anciens étant d'accord avec les principes, devait pour rendre le patron responsable exiger une faute de sa part établie par la victime, après constatation du préjudice; et ce d'ailleurs qu'elle considère le maître comme tenu en vertu d'un contrat ou d'un délit.

Les magistrats français ont suivi cette règle ; mais sensibles à l'influence des idées humanitaires, ils ont fini par la modifier, si bien qu'ils en sont arrivés à un tout autre résultat que celui commandé par la stricte application de la loi. Partisans sans réserves de la responsabilité délictuelle en matière d'accidents de travail, ils fondaient la réparation sur les articles 1382 et suivants du Code Civil, dont l'idée générale est que « tout fait quelconque de l'homme, qui cause à autrui un dommage, oblige celui par la faute duquel il est arrivé à le réparer ». Aussi, les voit-on d'abord contraindre le travailleur à démontrer complétement et sans discussion la faute patronale, à peine de perdre son procès. C'est ainsi que sont motivées les décisions les plus anciennes notées dans les recueils, tels que les arrêts de la Cour de Lyon du 16 février 1826, de la Cour de Bourges du 15 juillet 1840 (1), de Lyon encore le 20 janvier 1863 (2). En 1870, la Cour de cassation affirme encore cette interprétation, parce que « l'existence d'une faute légalement imputable constitue l'une des conditions essentielles de la responsabilité » (3) et la victime de l'explosion d'une machine, incapable de prouver cette faute, ne saurait obtenir une indemnité, car l'événement qui peut être le résultat d'un cas fortuit ou de force majeure n'implique pas nécessairement par lui-même la faute ou l'incurie du patron ou de ses agents. C'est la stricte application du Code.

Durant sept ans après cette décision, la jurisprudence maintient sa solution sans dévier : une faute du patron est nécessaire ; peu importe que l'infirmité ait été contractée à son service (4) ; que l'ouvrier ait été blessé dans un travail dangereux, si les périls sont inhérents à la profession (5). Bien mieux, le juge doit, s'il y a eu faute du maître, constater qu'elle a une relation de cause à effet avec le préjudice (6). Déjà, cependant, les tribunaux se relâchaient de leur rigueur dans l'établissement d'une véritable faute, lorsque

(1) Sirey, 1870. 1. 439 en note. — Dalloz, 1841, 1. 231.
(2) Sirey, 1864, 2. 1.
(3) Sirey, 1871, 1. 9.
(4) Chambéry, 8 juin 1872. Sirey, 1872.2.275.
(5) Lyon, 9 mai 1874. Sirey, 1874.2.316.
(6) Cassation, 19 août 1874. Sirey, 1875.1.24.

l'accident avait atteint un enfant mineur : ainsi les Cours de Paris et de Lyon en 1870 et 1871 en rendent l'employeur responsable pour ne pas avoir surveillé suffisamment l'enfant et malgré l'imprudence de celui-ci (1). Ici se dessine le système que va bientôt employer le juge : l'article 1383 rend l'auteur du délit responsable non seulement de sa faute, mais aussi de sa simple imprudence ou négligence. On aboutira à découvrir des imprudences ou négligences qui, en réalité, n'en sont pas, uniquement pour assurer, autant que possible, une réparation à la victime.

En 1877, en effet, on constate que la Cour d'Aix oblige le patron à garantir ses ouvriers contre leurs propres imprudences et légèretés, faits qui semblent indépendants de lui et loin de pouvoir être relevés contre le patron comme une faute (2) ; que la Cour de Dijon le rend responsable de l'ignorance de certains moyens de protection encore ignorés de la science elle-même, ce qui paraît beaucoup moins suscesptible de lui être reproché (3). Et la Cour de Cassation qui avait paru, d'abord, reculer devant cette extension énorme de la faute (4) de confirmer, cependant, cette théorie de la Cour de Dijon, forçant l'employeur à prévenir, à peine de responsabilité, les causes non seulement habituelles, mais même simplement possibles qui peuvent être pour les ouvriers la conséquence de leurs

(1) Sirey, 1870.2.324 et 1871.2.156.
(2) Aix, 10 janvier 1877. S. 1877.2.336.
(3) Dijon, 22 avril 1877. Sirey, 1878.1.413.
(4) Cassation, 20 novembre 1877. Sirey, 1878.1.148.

travaux (1). La Cour d'Amiens affirme la même règle quelque temps après (2). La jurisprudence est désormais fixée en ce sens.

Sans doute elle tient grand compte des circonstances. Il n'en résulte pas moins qu'en thèse générale, si l'ouvrier doit toujours établir une faute du patron, cette preuve lui sera facilitée par la tendance des juges à relever les moindres actes de ce dernier, petite négligence de surveillance, inobservation de précautions de sécurité souvent difficiles, quelquefois impraticables, pour le rendre responsable dans des hypothèses où le plus souvent il n'y a pas véritablement de fait coupable et d'application réelle de l'article 1382. Dès ce moment, contrairement à la décision précitée de 1874, lorsque la profession présentera des risques intrinsèques, ce sera l'employeur qui en répondra pour ne pas les avoir envisagés et en avoir prémuni son employé (3) : les précautions d'usage ne suffisent plus, il lui faut prendre des précautions exceptionnelles ; l'imprudence, la faute même de l'ouvrier ne le dégagera pas : la moindre négligence relevée de son côté, maintiendra son obligation, sauf à l'atténuer à raison des circonstances. (4)

Le mode d'interprétation suivi dans l'application des articles 1382 et 1383 à la responsabilité patronale

(1) Cassation, 7 janvier 1878. Sirey, 1878.1.412.

(2) Amiens, 15 novembre 1883. Sirey, 1884.2.6.

(3) Grenoble, 6 février 1894. Sirey, 1895, 2. 31.

(4) Cassation 20 août 1879. Sirey, 1880, 1.55. — Cassation 10 novembre 1884, Sirey 1885. 1. 129. — Cassation 7 août 1895, Sirey, 1896, 1. 127.

en cas de faute strictement personnelle fut également employé dans le cas où le maître était poursuivi à raison d'un fait coupable de ses préposés, en vertu de l'article 1384. Après quelques discussions, les tribunaux donnent au terme de « préposés » dont se sert le Code Civil, le sens le plus large, y faisant rentrer les ouvriers et les domestiques d'abord (1), puis simplement les personnes dont on doit répondre, pourvu qu'un lien de subordination même momentané et très ténu existe entre elles et le maître (2). La responsabilité de celui-ci en outre est en jeu, non seulement par la faute sérieuse du préposé, mais encore par la négligence et sa moindre inattention (3). On voit les juges, contraints par le texte de restreindre son domaine aux actes des préposés « dans l'exercice de leurs fonctions », profiter des cas mal délimités, où il est difficile de déclarer l'ouvrier en dehors de ses fonctions, pour étendre la responsabilité du patron à tous les faits commis seulement à l'occasion de ces fonctions : ainsi le délit de fraude commis par un employé de chemin de fer (4). Enfin, la jurisprudence maintient énergiquement la présomption de faute créée par la loi contre le commettant, sans qu'il lui soit permis d'établir qu'il n'a pu empêcher le fait de son préposé. Sans doute, elle n'a fait alors qu'une application exacte du texte ; mais

(1) Cassation, 28 juin 1841. Sirey 1841, 1. 177.

(2) Toulouse, 3 mars 1883. Sirey 1884.2.161. — Cassation, 6 mars 1888 Sirey 1888.1.267.

(3) Paris, 8 juin 1877. Dalloz, 1877.2.203.

(4) Lyon, 1er juillet 1872. Sirey, 1873.2.42.

rien n'eût pu l'empêcher de soutenir avec d'autres que cette présomption n'existe pas et ce par analogie des termes mêmes de l'article 1384 ; elle ne l'a point fait précisément dans le but d'ouvrir plus largement la voie à la réparation des accidents.

Si l'on passe aux espèces moins générales, prévues par les articles 1385 et 1386, d'accidents causés aux ouvriers par des animaux du maître ou la ruine d'un bâtiment dont il est propriétaire, on constate la même extension.

La Cour de Cassation exige sans restriction, de la part du propriétaire, la preuve, considérée comme mise à sa charge par le texte, de la faute de son ouvrier ou d'un cas fortuit dans l'hypothèse de l'article 1385 (accident causé par un animal) : elle n'admet pas que le patron en établissant qu'il n'a lui-même commis aucune faute peut se libérer (1). Elle écarte aussi la théorie d'après laquelle l'ouvrier, se servant de l'animal lors de l'événement, en est seul responsable, malgré les expressions de la loi « ou celui qui s'en sert, pendant qu'il est à son usage » et fait retomber l'accident sur le maître, lorsqu'il a confié la bête à son employé dans son intérêt et pour son profit à lui patron (2). Les tribunaux inférieurs ont suivi cette jurisprudence d'une façon générale.

Enfin les magistrats ne se bornaient pas à accorder au travailleur réparation du préjudice que lui a causé

(1) Cassation, 27 décembre 1885. Sirey 1886.1.33. — 9 mars 1886. Sirey, 1886, I, 244. — 1er février 1892. Sirey 1892.1.128.

(2) Cassation, 9 mars 1886 précité.

la chute du bâtiment du patron par suite d'un vice de construction ou défaut d'entretien; ils étendirent l'article 1386 à l'explosion d'une machine incorporée au bâtiment (1). Et s'ils n'estiment plus, en général, ici devoir éviter à la victime la preuve de la faute par analogie avec les dispositions de l'article 1385 (2), ils procèdent encore de manière à rendre plus facile cette preuve, en multipliant les faits considérés comme coupables : l'employeur est responsable des accidents provoqués par la machine, lorsqu'elle est d'un usage particulièrement dangereux et malgré un mouvement de distraction fautif des employés (3); de même la victime n'a qu'à prouver le vice de construction, sans être obligée de démontrer qu'il est attribuable à une faute du propriétaire.

C'est cette jurisprudence, interprétative des textes dans un sens constamment favorable à l'ouvrier, en dépit des violations véritables parfois qu'elle y apporte, qui a créé ce que, dans nos assemblées législatives, durant la discussion de la loi de 1898, on a appelé le droit commun, auquel on a eu beaucoup de peine à déroger.

Les tribunaux étrangers ont accompli une œuvre identique en cette matière; entraînés même par la doctrine, ils ont tenté aussi des améliorations dans

(1) Cassation, 19 avril 1887. Sirey 1887.1.217.

(2) Cassation, 19 juillet 1870 et 17 juillet 1872. Dalloz 1870.1.361 et 1873.1.205. En sens contraire toutefois, Toulouse, 25 mai 1892. Dalloz 1893.2.14.

(3) Epinal, 6 janvier 1895. *Revue de droit industriel*, 1895, n° 1.

une autre voie. Aussi voit-on des pays régis par le Code civil français se départir de la théorie, qui base la responsabilité patronale sur un délit ou un quasi-délit, pour admettre celle de l'obligation de réparation contractuelle qui semble simplifier la question de preuve. On déclare que le patron est tenu, en vertu du contrat de louage de services, intervenu entre lui et ses ouvriers, d'une dette de sécurité comprenant la garantie des dangers inhérents au travail ; qu'en cette matière contractuelle, c'est au patron à prouver soit la faute du travailleur, soit le cas fortuit ou de force majeure et non à l'ouvrier à établir préalablement le fait coupable du patron : car l'accident montre que l'obligation de sécurité n'a point été remplie par ce dernier ; et l'inexécution du contrat suffit à présumer sa faute, sauf preuve contraire de sa part. Telles sont les décisions de la Cour suprême du Luxembourg (1), d'un certain nombre de tribunaux belges (2). De ceux-ci il en est qui ont été plus loin : appliquant la responsabilité délictuelle, ils l'ont tirée toute de l'article 1384 du Code civil, qui rend responsable « des choses que l'on a sous sa garde » et généralisant, ont trouvé une obligation d'indemnité à la charge du maître par le fait seul que l'événement provient de la chose placée sous sa garde, quelle que soit cette chose ;

(1) Cour suprême du Luxembourg, 27 novembre 1884. Dalloz 1886. 2.153.

(2) Tribunal de commerce, Bruxelles, 23 avril 1885 et Tribunal civil de Bruxelles 25 avril 1885. Sirey 1885.4.25. — Tribunal de commerce d'Anvers, 21 septembre 1885. Sirey 1888.4.6. — Cour de Gand, 18 juin 1887. Sirey 1889.4.1.

la victime n'a ainsi dans la plupart des cas, en raison de la présomption de l'article invoqué, qu'à établir l'accident et le préjudice éprouvé (1). Il est bon de remarquer cependant que le Tribunal suprême de Belgique, la Cour de cassation, n'a pas subi complètement l'entraînement des juges inférieurs; tout en admettant la responsabilité contractuelle, elle écarte, et avec raison, la dette nécessaire de sécurité et considère non moins justement que le contrat de louage de services est une convention par laquelle le patron ne s'engage à répondre des accidents que s'il en est l'auteur fautif. L'inexécution du contrat, par la réalisation de l'événement accidentel, n'est plus suffisante pour faire présumer la faute, il y manque la démonstration que ce qui est arrivé a eu lieu par un fait coupable. La situation de l'ouvrier est identique à cet égard à celle où il se trouverait au point de vue de la preuve, s'il se réclamait d'un délit ou quasi délit (2). La seule différence réside en ce que, puisqu'il s'agit d'un contrat, le maître est tenu de toutes les suites qu'il comporte d'après l'équité, l'usage et la loi (article 1135 du Code civil) et que celles-ci lui commandent de prendre des précautions générales dans l'exécution du travail; le défaut de ces mesures pourra aisément être relevé contre lui comme une faute. C'est une conséquence nécessaire de la théorie, tandis qu'elle

(1) Tribunal civil de Bruxelles, 16 avril 1874 et Tribunal civil d'Anvers, 9 avril 1874. Pandectes belges, II, p. 174.

(2) Voir notamment Cassation belge, 8 janvier 1886. Sirey 1886.4.25. Moins nettement Cassation belge, 28 mars 1889. Sirey 1890.4.17.

est souvent exagérée et quelquefois antilégale pour ceux qui acceptent comme les juges français le fondement délictuel de la responsabilité patronale.

Quoi qu'il en soit, en bloc, le mouvement jurisprudentiel a été généralement identique ; se basant sur des idées différentes, les tribunaux ont abouti au même résultat : faciliter la preuve de la faute patronale à l'ouvrier, de manière à lui assurer presque toujours une indemnité, et ce, surtout dans les cas d'accidents inexplicables, tenant bien plus aux dangers mêmes de la profession qu'à une véritable faute de l'une des parties en cause.

Toutefois ce mouvement était insuffisant peut-être, en tout cas incertain. L'œuvre des juges est mobile et quoique comparable, au cas présent, à celle du prêteur romain, elle n'a point la stabilité législative de cette dernière ; elle ne peut l'avoir sous peine de violer le principe de la séparation des pouvoirs législatif et judiciaire. Elle démontrait qu'il y avait un pas à franchir, une réforme législative à opérer dont elle était, en partie, l'heureux précurseur.

« On s'est dit qu'on était vraiment en face d'une évolution. Or, c'est le rôle du législateur et non pas celui des tribunaux d'observer ces évolutions. Si la jurisprudence a varié, c'est qu'elle y a été, en quelque sorte, contrainte par la force des faits, par la reconnaissance de cette évolution qu'elle a constatée ; et c'est ainsi que, glissant des principes rigoureux d'il y trente ans jusqu'à des principes moins rigoureux, elle a accordé plus libéralement les indemnités à raison des accidents du travail. Je le répète, ajoutait en 1898 M. Thévenet dont nous rapportons ici les paroles (1), les tribunaux se sont laissés dominer par un état de faits qui résultait de l'évolution industrielle dont j'ai parlé. S'il en est ainsi, le rôle du législateur est précisément de se substituer aux tribunaux, car les tribunaux ne devraient qu'appliquer la loi et non pas la faire. L'article 1382 a été interprété par eux, depuis quelques années, d'une façon beaucoup plus large, étant donnés les commentaires de notre ancien Code Civil. La mission du législateur est de noter les transformations qui s'accomplissent sous ses yeux, de fixer les lois qui doivent présider au développement de ces évolutions. C'est votre rôle, à vous ; ce n'est pas le rôle des tribunaux. »

Section V

Théories doctrinales.

Il n'est pas étonnant qu'en présence des faits la doctrine se soit à son tour donné carrière et corrélativement, souvent même antérieurement à la jurisprudence, ait cherché les moyens d'améliorer la situation de l'ouvrier victime d'un accident de travail.

Nombre de juristes ont, comme les tribunaux, voulu trouver le remède dans les principes existants et les

(1) Thévenet. Sénat, 18 mars 1898. *J. Off.*, Débats parlementaires du Sénat, 18 mars 1898, pages 332 et 333.

textes qui les consacrent. Eux aussi se sont efforcés, pour les besoins de la cause, de les transformer et de les adapter aux nécessités présentes.

§ I. — Extension de la responsabilité délictuelle

Parmi les défenseurs, à la suite des tribunaux, de la responsabilité délictuelle du patron, les uns ont essayé d'alléger la charge de la preuve, pour l'ouvrier, à l'aide d'une extension donnée à l'article 1386 du Code Civil. On sait que celui-ci permet de condamner le maître à une indemnité, si son ouvrier a été blessé par la ruine du bâtiment industriel due au défaut d'entretien ou vice de construction. Par analogie, on a prétendu que tous les objets appartenant au patron, créent pour lui une dette de réparation lorsque, par suite de leur mauvais état ou leurs défectuosités, ils causent des accidents au travailleur. On comprend très bien l'intention : il y aura peu d'espèces où le matériel patronal ne présentera aucun défaut d'entretien ni aucun vice de confection ; notamment pour cette simple raison qu'il ne répond plus, lors de l'événement, au progrès de la science. Et la preuve très commode de ce fait entraînant, au dire de ces auteurs, celle corrélative de la faute du maître, celui-ci sera tenu d'indemniser la victime dans la majorité des cas. On peut citer, en ce sens, l'autorité de M. Sourdat, dont l'ouvrage a été longtemps le livre de chevet, dans les questions de responsabilité (1).

(1) Sourdat. *De la Responsabilité*, t. II, p. 590.

D'autres ont été plus catégoriques encore : pour eux, le patron propriétaire répond de tout dommage provenant de l'objet dont il a la garde, par argument de l'article 1384 du Code civil. « On est responsable du dommage qui est causé par le fait des choses que l'on a sous sa garde ». Et ce texte, faisant peser une présomption de faute sur le propriétaire de l'objet préjudiciable, l'ouvrier n'a plus qu'à établir le préjudice éprouvé par lui. Ces auteurs écartent l'article 1386 qui ne peut s'appliquer qu'aux bâtiments ; la règle de l'article 1384 est, au contraire, posée d'une façon très générale, et permet cette interprétation. Celle-ci, disent-ils, « est en harmonie avec les faits. Les accidents causés par les machines sont journaliers ; ils ne peuvent guère que provenir de l'imperfection de la machine ou de la négligence de l'ouvrier ; donc le législateur a pu présumer la faute. Il est vrai que l'imperfection de la machine peut venir de l'imperfection de la science, laquelle n'est pas imputable au propriétaire ; mais alors, n'est-il pas juste que le propriétaire supporte le dommage, plutôt que celui qui en est victime .» Ainsi s'exprime M. Laurent (1) et ce système a été soutenu avec des arguments historiques par M. Saleilles (2).

Ces théories réaliseraient parfaitement le but qu'elles se proposent, si celui-ci était véritablement souhaitable; mais on a déjà vu plus haut quelles réserves il y aurait

(1) Laurent, *Principes du droit civil*, t. XX, n° 639.

(2) Saleilles, *Les accidents du travail et la responsabilité civile*, 1897.

à leur opposer au point de vue rationnel. D'autre part, il est certain que la doctrine dépasse ici, pour atteindre la solution désirée, la pensée du législateur de 1804. Il n'a pu présumer la faute patronale, comme l'insinue M. Laurent, parce que les accidents de machines sont quotidiens : ils n'existaient guère à l'époque et ne devaient entrer en ligne de compte dans les considérations des rédacteurs du Code. Il apparaît bien aussi que ceux-ci n'ont point attaché au texte l'étendue qu'on lui donne ; et qu'après règlement de la responsabilité du fait des personnes dont on peut avoir à répondre, ils ont commenté eux-mêmes celle des choses que l'on a sous sa garde dans les articles 1385 et 1386, en limitant leurs vues aux animaux et aux bâtiments. Tout argument d'analogie, en pareille occurrence, est fatalement caduc et il fallait reconnaître, de bonne foi, que la législation, presque séculaire, du Code était insuffisante et réclamait une modification.

§ 2. — Responsabilité contractuelle

Constatant le caractère forcé des systèmes puisés dans les articles 1384 et 1386, certains jurisconsultes, et non des moindres, ont alors poussé leurs investigations du côté du contrat de louage de services. Ils observaient que dans les articles 1382 et suivants, invoqués jusque-là, il ne s'agissait que du préjudice causé à une personne avec laquelle l'auteur de l'accident n'avait aucune relation spéciale : on était en présence d'un individu quelconque, renversé, atteint par un coup, blessé par un animal, sur la voie publique le plus généralement. Au contraire, quand l'événement frappait un ouvrier durant son travail, par le fait ou à l'occasion de sa besogne, celui-ci s'adressait alors à son patron, non plus comme à un étranger, mais comme à l'autre partie du contrat par lequel il avait engagé son activité. De cet examen, nos auteurs concluaient que c'était à cette convention qu'il fallait demander les règles applicables à toutes les difficultés qu'elle soulève pendant son exécution. Et ces règles, les voici : tout contrat comprend, outre l'obligation principale qui en est la base, des obligations accessoires qui tiennent étroitement à la première ; elles consistent, à défaut de détermination expresse lors de l'accord échangé, dans les suites naturelles que comporte la convention. C'est ce que dit formellement l'article 1135 du Code civil : « Les conventions obligent non seulement à ce qui est exprimé, mais encore à toutes les suites que l'équité, l'usage ou la loi donnent à l'obligation d'après sa nature ».

Or, le contrat de louage de services contraint, au principal, le bailleur d'ouvrage à la prestation de son activité, le locateur à fournir le salaire en échange ; mais accessoirement, la direction et la surveillance du travail, l'autorité, que confère la convention à ce dernier, ont pour corrélatif nécessaire le devoir de veiller à ce que les conditions dans lesquelles s'opérera le travail soient aussi parfaites que possible pour assurer la sécurité du travailleur, autrement dit de prendre toute les précautions nécessaires à cette fin, qui n'est au surplus que le moyen d'aboutir à l'exécution de l'ouvrage lui-même.

En résumé le patron doit, outre le montant du salaire, en vertu de son contrat, prémunir ses ouvriers contre tous les évènements qui peuvent entraver le libre exercice de leur activité, sauvegarder leur santé et leur vie : « il doit à chaque instant pouvoir les restituer, les rendre à eux-mêmes comme il les a reçus », les protéger contre leurs propres témérités et entraînements, les garder sains et saufs au cours du travail qu'il leur confie et qu'il dirige. L'autorité a comme contre partie la responsabilité et le Code Civil lui-même le montre en l'édictant contre les parents, les commettants et les instituteurs dans l'article 1384, à l'égard de ceux sur lesquels ils ont nn droits de commandement, tout au moins de surveillance.

Tels sont les arguments généraux invoqués par M. Sauzet, le promoteur de la théorie en France (1) et par M. Sainctelette à sa suite en Belgique (2).

D'autres partisans de la théorie contractuelle vont moins loin ; et, sans prétendre que la convention crée accessoirement pour le patron une dette de sécurité, ils trouvent qu'elle entraine cependant à sa charge l'obligation de prendre toutes les mesures qui peuvent protéger le travailleur contre les dangers inhérents à l'industrie, car il l'a acceptée en contractant (3).

(1) Sauzet, *Responsabilité des Patrons,* 1883, p. 23.
(2) Sainctelette, *Responsabilité et Garantie*, 1884, p. 141 et suiv.
(3) Labbé. Notes sous Sirey, 1885, 4. 25- — 1886, 4. 25. — 1889, 4. 2. — 1890, 4. 17.

La conséquence de l'argumentation, quelle qu'elle soit, c'est que l'ouvrier n'a plus qu'à démontrer l'existence du contrat et son inexécution par le fait de l'accident pour avoir droit à réparation; c'est au patron à établir pour se libérer le cas fortuit ou la faute de la victime. En un mot la preuve est renversée : elle incombe au maître; et c'est d'ailleurs, quoiqu'on en ait dit, le but réel et unique poursuivi par les doctrinaires de la responsabilité contractuelle : il consiste à élever contre le maître une présomption de faute qui évitera à l'employé une preuve difficile et lui permettra, en raison des difficultés, pour ne pas dire des impossibilités, que son adversaire rencontrera à établir les faits qu'il lui incombe de démontrer, d'obtenir presque toujours uue indemnité. Ces déductions se retrouvent dans la jurisprudence étrangère citée antérieurement.

Néanmoins, en admettant pour l'instant, l'exactitude de la théorie dans son point de départ, la convention de louage de services, il n'en ressort pas, comme on l'a voulu pour parvenir à la solution cherchée, que le patron contracte accessoirement et sans réserves, soit une dette générale de sécurité, soit une obligation de prendre toutes les mesures contre les dangers inhérents au travail. Conformément aux articles 1134 et 1135 du Code civil, les parties d'un contrat doivent accomplir leur engagement de bonne foi et lui donner les suites naturelles qu'il comporte : s'il semble juste et naturel que le maître ait à employer tous les procédés utiles pour sauvegarder le travailleur des dangers professionnels ou industriels, il ne paraît pas moins naturel que le travailleur s'engage, de son côté, à ne point entraver l'emploi de ces moyens, c'est-à-dire, surtout à obéir aux ordres et règlements qui en sont la substance. Dans ces conditions, comment soutenir que, nécessairement, l'employeur sera fautif, à raison de l'accident survenu ? il a rempli son obligation en principe ; qui dit que ce n'est pas l'employé qui n'a pas observé la sienne ? Présumer le fait coupable du patron, c'est aller au-delà des suites naturelles du contrat : il ne comporte que l'engagement de prendre des mesures pour ne pas causer d'accident ; et, par suite, celui qui prétend qu'il ne les a pas prises doit le prouver, soit, en fin de compte, établir sa faute (1).

La véritable argumentation est là et la Cour de Cassation belge l'avait bien senti dans son arrêt rapporté ci-dessus du 8 janvier 1886. Il en résulte qu'on essaie en vain de tirer juridiquement un moyen d'améliorer la situation de l'ouvrier de la notion du contrat de travail. Le procédé est factice et il faut en revenir à la nécessité pour la victime de démontrer une faute du patron, ce qui, on le sait, la met en état d'infériorité. Il en serait de même, et à plus forte raison, pour ceux qui pensent, car tout ici est question d'appréciation, que la convention de louage de services n'engendre d'autres obligations que celle, pour l'ouvrier de prêter son activité, pour le maître de payer le salaire ; qu'il n'y a aucun engagement accessoire, même en droit

(1) Voir en ce sens : Glasson : *Le Code civil et la question ouvrière*, p. 39. — Cotelle : *De la Garantie des accidents. Revue pratique*, t. 55, p. 531.

naturel. La théorie n'est pas arbitraire et on l'a soutenue, notamment en jurisprudence (1), pour valider la doctrine de la seule responsabilité délictuelle.

Enfin, il y a contre cette théorie contractuelle une dernière considération qui a le malheur de détruire entièrement le laborieux édifice échafaudé pour protéger l'ouvrier. En matière de convention, c'est un principe de droit indéniable, les parties sont libres de modifier les suites naturelles de leur accord à leur gré, par l'expression formelle de leur volonté, tant qu'elle n'est pas en contradiction avec l'ordre public et les bonnes mœurs. Or les contractants du louage de services, et particulièrement le patron, directement intéressé à ne point assumer des charges d'indemnisation trop lourdes, ont la faculté d'insérer dans leur contrat une clause restrictive ou suppressive de responsabilité. Et alors, si elle intervient au profit du maître, ce qui se produira trop souvent, le sort de l'ouvrier n'en sera que plus précaire. Au contraire, la responsabilité délictuelle est d'ordre public, ne peut être restreinte ou supprimée par une convention ; malgré les désavantages qu'elle partage en dernière analyse avec sa partenaire, elle a pour elle la supériorité de permettre quelquefois une réparation et une réparation intégrale.

On s'est élevé, il est vrai, contre la validité de ces clauses dans le louage de services : un pareil compromis serait contraire à l'ordre public en tant que relatif à

(1) Chambéry, 8 juin 1872. Sirey 1872.2.275.

la sûreté des personnes (1). Mais cette argumentation ne résiste pas à l'examen : la clause se rapporte ici non aux personnes, mais à leur patrimoine, car on s'occupe non du sinistre en soi, mais du patrimoine qui en paiera les suites.

Ajoutez que l'essai d'application de la responsabilité contractuelle avec présomption de faute a été tenté en Suisse : il n'a point donné, loin de là, des résultats satisfaisants, et ce semble la meilleure justification de l'insuffisance pratique du système.

(1) SAINCTELETTE, *Ouvrage cité*. p. 169 et s.

CHAPITRE III

DU RISQUE PROFESSIONNEL

L'examen des efforts réalisés, à l'appui des dispositions antérieures à 1898, révèle qu'elles sont impuissantes à réglementer la responsabilité des accidents de travail de façon équitable pour l'ouvrier et le patron, puisqu'elles aboutissent à sacrifier toujours l'uu des deux. Si quelques théoriciens ont pensé le contraire (1), les autres ont montré spontanément le défaut de la cuirasse en réclamant des textes nouveaux (2). En somme il en est des règles anciennes du Code comme d'un vêtement trop vieux et trop étroit qui craque par toutes les coutures et ne s'adapte plus à celui pour qui il a été confectionné.

La situation nouvelle appelait une autre réglemen-

(1) Labbé, Note sous Sirey 1885.4.25.

(2) Sainctelette, Louage de services et projets du Gouvernement, Bruxelles 1893.

tation et c'est de la recherche de celle-ci qu'est née la théorie du Risque professionnelle admise presque partout en législation en ce moment.

On a déjà constaté que dans l'industrie à toute époque, mais surtout aujourd'hui, un grand nombre d'accidents proviennent soit d'une faute insignifiante, à peine reprochable, soit du cas fortuit ou de force majeure, soit même de causes indéterminées : la majeure partie d'entre eux constituent, comme on l'a très bien exprimé, des accidents « anonymes ». Il est matériellement impossible de contester que le travailleur ne peut se livrer à sa besogne, dans la plupart des métiers, sans avoir à redouter, à tout instant, un événement dangereux pour lui ; il en est de même, dira-t-on, du simple promeneur et nul ne sait, en sortant de chez lui, s'il ne recevra une tuile sur la tête. Évidemment ; mais les dangers courus par l'ouvrier, sont journaliers et constants, en raison de ce qu'il est contraint d'approcher quotidiennement du péril par la profession. Et tandis que le rentier s'expose une fois par hasard dans sa promenade à être blessé, le travailleur le risque sans cesse dans son métier. En outre, on est obligé, par l'étude des faits, de reconnaître qu'aucun règlement, aucune mesure de précaution, si précis, si formels, si complets soient-ils, n'ont pu empêcher, ni diminuer les sinistres qui paraissent former le lot, nécessaire et fatal, du salarié durant son travail. Il y a donc, d'une façon individuelle, dans la profession exercée par les ouvriers, en général, une source de périls perpétuels, un risque constant de blessures ou de mort que l'on a pu nommer à juste titre le *Risque professionnel.*

A qui ce risque va-t-il incomber ?

Section première

Précédents législatifs et administratifs du risque professionnel.

Dès avant 1898, la réponse était facile si on considérait certaines catégories de travailleurs.

D'après l'article 262 du Code de commerce, tel qu'il était rédigé en 1807, « le matelot est payé de ses loyers, traité et pansé aux dépens du navire...., s'il est blessé au service du navire. » Ce texte, modifié par une loi du 12 août 1885, accorde au matelot blessé son salaire jusqu'à son rétablissement, en le limitant toutefois à quatre mois, comptés du jour où il aura été laissé à terre pour être soigné (art. 262 nouveau, dernier paragraphe, *in fine*). S'il meurt en cours de voyage, et dans cette hypothèse rentre nécessairement l'accident mortel, sa succession a droit, à titre d'indemnité, à la totalité ou à une portion de son salaire, suivant les distinctions de l'article 265 du Code de commerce.

En résumé, pour les marins, l'accident entraîne toujours réparation. lorsqu'il est survenu au cours du travail ou à l'occasion du travail, même par cas fortuit. On pouvait dire que les risques professionnels du métier maritime étaient à la charge du patron ; sauf peut être des réserves à faire au cas de faute véritable de la victime.

Par un arrêté du 22 octobre 1851, les ouvriers des entrepreneurs des travaux publics de l'État et des communes sont traités d'une manière analogue. S'il leur survient un accident dans l'exécution du travail, leurs familles ont droit, contre l'entrepreneur, à la moitié du salaire durant le temps passé par le blessé à l'hôpital (article 4) ; si l'accident entraîne une incapacité absolue pour ce dernier d'exercer son métier, il reçoit la moitié de son salaire pendant un an ; enfin, si les ouvriers sont tués, leurs veuves ou leurs familles touchent une somme d'argent. Et si les indemnités sont insuffisantes, elles peuvent être augmentées par une décision ministérielle (1).

Les ouvriers employés dans les entreprises du génie, des palais nationaux, dans les arsenaux et manufacfactures de l'État, ont une situation à peu près identique.

En ce qui touche la cause des accidents, aucune distinction n'est faite : tous sont réparés partiellement, même s'ils sont dûs aux cas fortuits et les risques de la profession retombent sur l'industriel.

Comment expliquer ces règles spéciales ? C'est qu'elles régissent des situations alors particulières qui ont, actuellement, une tendance à se généraliser avec les transformations économiques de l'industrie. Dans l'entreprise de travaux publics, dans la manufacture gouvernementale, patrons et ouvriers se trouvent sans

(1) DALLOZ, *Répertoire de législation et de jurisprudence*. Voir *Travaux publics*, n°s 690 et 691.

rapports sensibles qui puissent engager le premier à secourir l'autre, en cas de sinistre, par esprit de solidarité ou de pitié. L'entrepreneur, en perpétuel voyage à travers le pays, ignore ses employés ; les ateliers publics n'ont, pour ainsi dire, pas de maître : ils appartiennent à des groupes moraux à caractères impersonnel et le directeur de ces exploitations n'est lui-même qu'un employé. Enfin pour le service maritime, en dehors de la tradition, il faut observer que les dangers y sont constants, considérables, et le plus souvent indépendants de la volonté humaine.

Au surplus la jurisprudence administrative française avait fini par adopter, comme les dispositions qui viennent d'être signalées, le risque professionnel à la charge du patron pour les accidents dont elle s'était attribué la compétence, notamment ceux qui avaient atteint les ouvriers de l'Etat. Il serait sûrement intéressant d'examiner la valeur rationnelle des arguments invoqués par le Tribunal des Conflits et le Conseil d'Etat (1), admis par la Cour de Cassation elle-même (2), pour écarter dans ces cas la juridiction des tribunaux ordinaires. Mais cette question, outre qu'elle serait trop longue à traiter, parce qu'elle touche au problème de l'existence même des juridictions administratives, sort de notre cadre, Qu'il suffise de constater cette attribution de compétence, parce que le commentaire

(1) Voir notamment *Tribunal des Conflits*, 8 février 1873. SIREY, 1873, 2. 153. Paroles du Commissaire du Gouvernement et la note.

(2) Cassation 19 novembre 1883 et 17 mars 1884. SIREY, 1884, 1. 224 et 310.

de la loi nouvelle nous donnera l'occasion d'en reparler.

Mais les tribunaux administratifs, ceci est le point important, ont toujours rejeté l'application à l'Etat des articles 1382 et suivants du Code Civil, lorsque sa responsabilité était mise en jeu par un accident de travail. Celle-ci n'est ni générale, ni absolue : elle a ses règles spéciales qui varient suivant les besoins du service et la nécessité de concilier les droits de l'Etat avec les droits privés, disaient les arrêts (1).

Néanmoins, ils ne s'éloignaient guère de la jurisprudence des tribunaux civils, la plus favorable à l'ouvrier, tout en imputant à faute pour le patron, dans l'espèce l'Etat, le défaut de surveillance ou l'absence de précautions nécessaires, ils exigeaient de la victime la preuve de ces faits. Mais dans ces derniers temps, spécialement en 1895 (2), rejetant toute idée traditionnelle dans l'hypothèse de l'accident « anonyme » à cause indéterminée et impossible à prévoir, ils avaient accordé une indemnité à l'ouvrier « dans les circonstances où l'accident s'est produit » sans exiger de lui la preuve d'une faute de l'Etat et en contradiction formelle avec la règle que le cas fortuit libère le débiteur de son obligation.

« Il appartient, disait M. Romieu, commissaire du

(1) Tribunal des Conflits, 8 février 1873, précité ; 4 juillet 1874, Sirey, 1874, 2. 328 ; — 24 mai 1875, Sirey, 1877, 2. 128 ; — 4 août 1877, Sirey, 1877, 2. 312 ; — 20 mai 1882, Sirey, 1884, 3. 41 ; — 15 février, 10 mai, 29 novembre 1890, Sirey 1892, 3. 73, 105 et 147. — Conseil d'Etat, 15 mars 1878, Sirey, 1880, 2. 32.

(2) Conseil d'Etat, 21 juin 1895. Sirey, 1897, 3. 33. Paroles du Commissaire du gouvernement.

gouvernement, au juge administratif d'examiner directement d'après ses propres lumières, sa conscience et conformément aux principes de l'équité, quels sont les droits et obligations réciproques de l'Etat et de ses ouvriers dans l'exécution des services publics, et notamment si l'Etat doit garantir ses ouvriers contre les risques des travaux qu'il leur fait exécuter. Oui, ajoutait-il, la justice le veut ; en effet, il s'agit d'un travail utile à tous et pour la protection de tous ; et pour l'Etat il n'y a pas à redouter l'objection des frais qui peuvent grever l'industrie, car il peut y pourvoir au moyen du crédit ou des assurances. »

La jurisprudence administrative avait suivi cette idée et reconnu par là que le risque professionnel doit incomber au patron et non à l'ouvrier, ouvrant ainsi la voie où le législateur lui-même a longtemps hésité a s'engager et à un moment où le principe était encore fortement discuté dans nos assemblées. On a vanté à ce sujet les avantages de la juridiction indépendante de ces tribunaux et leur esprit novateur : il est certain que si l'on a pu avec de bonnes raisons critiquer au point de vue rationnel l'institution de cette juridiction administrative, on a toujours dû reconnaître la valeur des hommes qui la composaient.

Il est utile pour le développement de la notion même du Risque professionnel, de montrer comment on a essayé de justifier juridiquement l'arrêt de principe du Conseil d'Etat en 1895. M. Hauriou, dans une substantielle annotation sur cette décision (1), soutient qu'elle

(1) Voir Sirey, 1897.3.33 : *la Note.*

s'explique très bien par une théorie connue sous le nom de « théorie des risques administratifs ». Tous les membres du corps social doivent être égaux devant les charges publiques et cette égalité doit être poursuivie par tous les moyens directement ou indirectement. Il en résulte par une déduction aisée à saisir que l'Etat est vis-à-vis d'eux une sorte de gérant d'une assurance mutuelle contractée entre les administrés contre les risques administratifs. En effet, s'il se produit un événement dont le résultat aboutit à un préjudice général, normal, égal pour tous, la balance des charges publiques reste juste et un administré n'a rien à réclamer pour lui-même : ce serait une inégalité, une injustice; il y a là une charge publique qui doit peser également sur tous. Si au contraire la conséquence de l'événement est de causer un dommage spécial à un ou plusieurs administrés, tandis que les autres n'en souffrent pas ou en profitent, alors l'égalité est rompue et l'équilibre doit être rétabli par une réparation accordée aux victimes. De celle-ci l'Etat se charge; de là son rôle d'assureur. Dans ce cas le seul fait à établir en justice sera le préjudice ou le dommage spécial sans avoir à invoquer de faute ; qu'il y en ait ou non, cette considération disparait devant la considération supérieure des risques spéciaux de l'opération cause de la lésion.

« Eh bien ? dit M. Hauriou, les opérations diverses dans les arsenaux et manufactures de l'Etat sont des opérations administratives spéciales, créant pour les ouvriers des risques spéciaux qui ne sont autres que les risques industriels. On doit y donner droit à indemnité par eux-mêmes, qu'il y ait faute ou non des agents de l'administration et sans prouver cette faute. La jurisprudence consacre la théorie du risque industriel, en le considérant comme un cas particulier du risque administratif, qui ne s'est créé lui-même que pour donner compétence administrative dans les procès en responsabilité contre l'État. Le principe des risques industriels posé par notre décision, à la fois comme risque industriel et comme risque administratif, parce qu'il s'agit à la fois d'une opération industrielle et administrative, se purifiera de ce mélange et finira par pénétrer avec la véritable formule dans la législation industrielle. »

L'occasion se présentera bientôt de revenir sur ces idées qui peuvent avoir été l'origine de la véritable notion de *Risque professionnel.*

SECTION II

Base du Risque professionnel.

On voit, par l'étude des précédents, que depuis longtemps déjà on avait paru penser qu'il était impossible d'astreindre le travailleur à subir les conséquences des dangers industriels et qu'on devait forcer le patron à lui en tenir compte. Ces idées ont germé, et la plupart des esprits les admettent aujourd'hui.

§ I. — Du Fondement de l'Obligation patronale dans le risque professionnel.

Mais alors sur quoi faire reposer cette obligation du patron d'indemniser son employé victime d'un sinistre fortuit, des risques du métier ou de l'industrie ? Ce n'est pas une véritable responsabilité puisque les principes contraignent à donner aux obligations humaines une cause humaine et qu'on n'a jamais cru jusqu'ici pouvoir baser juridiquement une créance ou une dette sur l'œuvre du hasard. En droit, les risques inhérents à la profession doivent rester à la charge de l'ouvrier ; et les imposer à l'employeur, c'est procéder en vertu d'une idée de pitié pour le malheureux déjà mal partagé en temps ordinaire, accablé par surcroît et pour compléter sa situation précaire d'une blessure qui l'empêche de gagner sa vie et le pain de sa famille ; c'est contraindre à l'assistance, à la charité, à une obligation morale, naturelle qui ne devrait pas pénétrer dans le domaine du droit. Une pareille dette ne constituerait pas une règle juridique, autrement dit de justice, s'il faut admettre que les ordres juridiques sont seuls justes.

Ce raisonnement pourrait être tenu, si les conceptions juridiques formées jusqu'à ce jour, dont le Code civil est l'expression, étaient les dernières auxquelles l'esprit de justice puisse atteindre. Mais il y a bel âge que des philosophes ont indiqué que l'homme était un perpétuel devenir; et de beaucoup plus modernes reprenant cette notion qui n'était, jadis, qu'une intuition, ont montré que les institutions humaines suivaient les changements, l'évolution continue de l'être pour lequel elles sont faites. Pourquoi le droit, cette institution humaine par excellence. n'aurait-il pas le sort des autres et serait-il destiné à se figer ? Son histoire est une contradiction formelle de cette pensée; et pour citer un exemple, tout le monde n'est-il pas unanime à reconnaître que le Code civil lui-même, dont la France a eu raison d'être fière, est en retard et contient des règles surannées que l'on doit sans cesse modifier ou qu'il faut tourner en pratique ?

S'il en est ainsi, il est permis de dire que l'évolution de la notion d'obligation n'est pas achevée : on l'a conçue primitivement basée sur un délit, puis sur un contrat. Ne peut-on l'imaginer aujourd'hui, à raison des nécessités sociales, comme fondée sur la loi seule, sur la volonté unanime qui sent où est la justice et la décrète ?

En ce faisant, elle accomplit une œuvre juridique, puisqu'elle édicte une règle destinée à diriger les hommes dans leurs rapports en société ; cette œuvre mérite doublement le titre de juste (1). Ainsi peut se défendre philosophiquement le caractère juridique d'une obligation légale qui imposerait au patron la réparation des risques industriels. On l'a d'ailleurs appuyée sur d'autres motifs.

(1) Voir à ce sujet Von Ihering. *La faute en droit privé*, p. 5. — *La lutte pour le droit*, p. 10.

1° *Système de la solidarité.*

On considère aujourd'hui que la société doit protéger le faible pour qu'on ne puisse profiter de son état d'infériorité : l'ouvrier est du nombre. Il n'est pas libre de régler les conditions de son travail. «Il a une profession, il ne l'a même pas choisie : les circonstances, les milieux, les aptitudes ont des nécessités inéluctables. Il faut vivre, il faut travailler » (1). Le lien qui l'unit au patron « n'est pas un véritable contrat ; il ne débat, ni ne discute, la réglementation du travail lui échappe ; il accepte la loi qu'on lui propose. Le parallélisme des volontés est remplacé par l'adhésion de la volonté à cette loi » (2). Il semble difficile de prétendre qu'il accepte les risques inhérents à sa profession ; il est plus vrai de dire qu'il les subit. Il est au moins juste qu'on lui en sache gré et qu'on ne puisse l'abandonner au moment critique, lorsqu'il est victime d'un accident de travail.

A ce seul point de vue la réparation des risques industriels est juste. Mais il ne faut point imiter l'astronome de la fable qui, pour ne regarder dans sa marche que les étoiles, finit par choir dans un puits. A n'examiner que l'ouvrier on s'expose à oublier qu'il y a d'autres personnages en jeu dans la question, qui pour paraitre peut-être moins intéressants, doivent cependant entrer en ligne de compte. Créer une obligation

(1) Stocquart. *Le contrat de travail*, p. 192.

(2) Saleilles. *Essai d'une théorie générale des obligations d'après le projet du Code Civil allemand*, p. 403.

5

légale est vite fait : on doit songer à qui va la supporter. On a vu l'accord général à la faire peser sur le patron : jurisprudence dans ses variations, doctrine elle-même dans ses systèmes n'ont point paru supposer qu'il put en être autrement. Mais ici sommes-nous encore dans le sentier de la justice et n'allons-nous pas pour être équitables consacrer une injustice? On peut déclarer hardiment que non.

L'industrie et le commerce, en effet, procurent des avantages : ils introduisent dans la circulation générale des produits utiles. Qui profite de ces résultats? L'ouvrier, le maitre et le consommateur sous la forme du salaire, des bénéfices et de l'avantage d'arriver à se fournir d'objets de consommation. D'autre part cette organisation économique à des désavantages : elle amène des accidents inévitables dans l'accomplissement de son rôle productif. Doivent-ils équitablement frapper le travailleur seul? C'est évidemment impossible. Il faut, pour que la balance soit égale, que les autres, participant aux avantages, sachent participer aussi aux inconvénients, aux risques qui en sont la contrepartie.

On en conclut que, si l'ouvrier doit supporter une portion du risque de la production, et il y contribue suffisamment par sa souffrance physique et morale, il appartient au patron et au consommateur de sacrifier une partie de leurs avantages pour parfaire la réparation de ce risque en indemnisant la victime. Toutefois, il est bon de ne pas omettre que le patron lui-même apporte déjà sa contribution assez souvent dans les résultats qu'ont pour lui les sinistres, s'ils causent des dégâts matériels considérables, quelquefois ruineux. Si l'on songe alors que le consommateur, en principe, n'a rien engagé de sa fortune, ni de sa personne ; qu'il se procure des objets dans le prix desquels n'entre pas le montant de la réparation des accidents, auxquels le salaire ne peut apporter remède pour le travailleur, faute d'en pouvoir constituer une réserve suffisante à cette fin ; qu'en dernier lieu, dans une certaine mesure, rien ne le force à acheter les produits dont la création remonte au labeur de la victime en partie, il apparait bien que c'est le consommateur qui a le principal profit, sans subir le moindre désavantage. A lui donc revient équitablement le devoir de supporter la majeure portion des inconvénients amenés par la confection des choses dont il jouit, c'est-à-dire, de subvenir à la réparation de l'accident professionnel.

On s'écriera peut-être : que vient faire ici le consommateur ? Est-ce lui qui intervient dans le travail ? Où est sa faute, le fait générateur de sa dette ? Il ne s'agit pas ici de faute, répondra-t-on : on est en présence de cas fortuits, de risques inévitables pesant surtout dans l'œuvre générale et utile à tous de la production et de la circulation des richesses ; puisque tous y ont une part active, tous doivent y avoir une part passive. On a fait remarquer à cet égard (1) que la législation connaît de longue date des responsabilités sans faute chez celui qui les subit ; et cette argumentation va

(1) Tarbouriech : *La responsabilité des accidents,* p. 105 et s.

permettre d'apercevoir le parti à tirer pour la théorie nouvelle du raisonnement déjà cité de M. Hauriou. En droit administratif, le propriétaire d'un immeuble, déprécié par des travaux publics, a droit à une compensation de ce chef : où est la faute? D'après les articles 410 et suivants du Code de commerce, le capitaine, dans l'hypothèse où le navire est en danger, doit jeter à la mer une partie de la cargaison ; le propriétaire des objets ainsi jetés touche une indemnité proportionnelle à la valeur du navire : ici encore où est la faute ?

La raison de ces indemnisations, c'est que le dommage éprouvé a profité à un groupe d'individus dont tous les membres sont tenus en échange de dédommager la personne lésée de la perte spéciale qu'il a dû accepter. De même l'ouvrier de l'État, qui subit un préjudice particulier dans l'intérêt général, a droit à réparation par la collectivité ; de même l'ouvrier de l'industrie privée éprouve un préjudice spécial au profit de la masse patronale et consommatrice, et celle-ci lui doit indemnité. Ainsi, comme l'exprimait M. Hauriou, la théorie du risque industriel se dégage de celle du risque administratif dont elle n'est qu'une application.

Bref, en envisageant ainsi la réparation du risque professionnel, on donne pour fondement à la responbilité du patron ou plutôt à la dette d'indemnité, qui semble peser sur lui parce qu'il opère le règlement, non plus l'idée de faute contractuelle ou délictuelle, mais celle de solidarité sociale dont il est le pivot. En effet ce n'est pas à lui qu'incombe en dernière analyse l'obligation de couvrir la victime du risque spécial qu'elle a encouru dans l'intérêt général, mais au consommateur. L'obstacle toutefois est de saisir ce dernier pour le contraindre à s'acquitter ; c'est tout le monde et ce n'est personne, et le seul moyen pratique consiste ici, comme en matière fiscale, à opérer indirectement quand on ne peut le faire directement. Là où on ne peut atteindre le consommateur, on frappera l'objet à consommer. Et qui tient à sa disposition cette chose si ce n'est le patron dans les mains duquel se concentrent les produits livrés à la circulation ? Il devra donc les grever du montant nécessaire pour parer aux risques professionnels et ainsi, conformément au but de solidarité poursuivi, l'objet arrivera au consommatenr avec sa véritable valeur sociale. Il ne lui parvient déjà que grevé des frais généraux de l'industrie, charges naturelles de la production ; il ne l'obtiendra désormais qu'accru de cette autre charge non moins naturelle, les risques industriels qui, socialement, retombent au compte de la masse générale uniquement composée de consommateurs.

Il ne faut pas se méprendre en effet sur ce terme de consommateur. En dehors des rentiers qui seuls donneraient l'image du consommateur abstrait conçu plus haut, n'engageant ni sa fortune, ni sa santé, les autres consommateurs ne sont que les producteurs eux-mêmes, ouvriers et industriels et leur nombre est à coup sûr le plus considérable. C'est donc vraiment entre eux et plus aisément que se comprend cette notion de solidarité qui leur enjoint de sacrifier une portion des avantages que leur confère l'œuvre commune pour sauvegarder leurs coassociés des périls nécessaires qu'elle entraîne à sa suite. Il n'est donc point obligatoire, comme on l'a voulu (1), d'établir une sorte de caisse d'assurance des producteurs alimentée par les employeurs et les employés : tous deux, dans ce système de mise au compte de la consommation, participent par le paiement du prix des objets à l'indemnisation des accidents professionnels, insensiblement et sans complications. C'est une assurance naturelle dont on a pu voir un spécimen par le rôle de l'Etat à propos du risque administratif.

L'industriel n'est plus en somme ici, ni un coupable, ni même à proprement parler, un responsable, au sens actuel du mot, mais comme « le répartiteur naturel entre les objets qu'il fabrique de toutes les dépenses engagées dans leur fabrication » (2). Le véritable moyen d'aboutir à la mise en pratique de la solidarité sociale dans le risque professionnel apparait donc bien : c'est de faire rentrer la réparation dans les frais généraux de l'industrie. Le patron n'est ici que le support et le pivot de l'édifice sans le constituer à lui seul, ni en avoir tout le poids.

On aperçoit en outre que la réparation du risque professionnel sous cet aspect n'est qu'une obligation

(1) Voyez Chambre des députés 17 mai 1838 : De Mun, *Journal Officiel. Débats parlementaires*, p. 1425 ; 19 mai 1888. Thellier de Poncheville, *Journal Officiel*, p. 1454. Sénat, 8 mars 1889. Blavier, *Débats parlementaires*, *Journal Officiel*, p. 190. Sénat, 8 mars 1889. Cordelet, *Débats parlementaires, Journal Officiel*, p. 318.

(2) Tarbouriech. Ouvrage cité, p. 113.

équitable, à ce titre juridique, et non une règle de charité empruntée à la morale. Il ne s'agit pas de demander à la collectivité qui lutte contre la misère au moyen de l'assistance publique, d'aider ceux qui par nécessité sont réduits à une besogne dangereuse. On établit seulement une répartition plus exacte et plus rationnelle des charges qui pèsent naturellement sur la production.

Telle est la théorie qui répare le risque professionnel en fondant l'obligation d'indemnité sur l'idée de solidarité. On peut cependant trouver à cette réparation une autre base d'une conception moins élevée sans doute, mais aussi moins critiquable peut être dans ses conséquences. C'est le système de la transaction.

2° *Système de la transaction*

Le patron dans cette doctrine, qui parait bien avoir inspiré le législateur français, constaterait que l'industrie donne fatalement lieu à des accidents et qu'en équité, étant donné qu'il a placé l'ouvrier dans ce milieu professionnel dangereux, encore que le sinistre survenu soit ou puisse être involontaire de sa part, il y est néanmoins pour quelque chose ; qu'à cet égard donc et dans une certaine mesure il est tenu vis à vis de son employé. Ce dernier de son côté observerait que, s'il court de graves dangers dans sa profession, il l'a dans une certaine limite acceptée telle quelle ; que, si l'accident dont il est atteint n'est pas toujours susceptible de lui être imputé, il y a très souvent une part dans une négligence, un mouvement irréfléchi produit de la fatigue ou de l'inattention ou de l'accoutumance aux périlleux travaux auxquels il se livre.

Alors les deux intéressés exposés réciproquement en cas d'accident et de débat sur la responsabilité, à perdre leur procès pour les faits qu'on pourrait leur reprocher, sans parler des ennuis que leur causera la discussion longue et difficile du litige, aboutiraient à un arrangement, à une transaction. Le maître indemnisera en partie la victime ou sa famille dans tous les cas proportionnellement au dommage éprouvé ; l'ouvrier acceptera l'indemnité réduite, mais certaine qui lui est offerte sans prétendre en obtenir une autre plus élevée et complète en soulevant un débat sur la responsabilité.

Enfin, le législateur, en raison de ce que l'ouvrier dans l'affaire est le moins puissant et pourrait, comme la pratique l'a trop fréquemment démontré jadis, prendre arrangement à des conditions désavantageuses, intervient pour fixer lui-même les termes de la transaction au mieux des intérêts de tous. L'obligation légale qui en résulterait ne serait que l'expression aussi parfaite que possible de l'accord tacite des parties en jeu.

Ce forfait légal, établi par suite des nécessités industrielles, ne pourrait, dans l'intérêt des parties et spécialement du plus faible, être aboli par une convention différente. Ce serait une nouvelle espèce à faire rentrer dans la notion de l'ordre public ; et la justification en est d'autant plus facile à donner qu'il est évidemment d'ordre général de protéger les faibles contre les forts qui pourraient abuser de leur situation. Le patron, d'ailleurs, n'aurait nullement à s'élever contre cette obligation : elle rentrerait aisément dans ses prévisions, puisqu'il pourrait en tenir compte dans la fixation du prix de revient de ses produits et qu'en définitive il la reverserait sur le consommateur.

Ce système, c'est ce qui le caractérise, constitue un droit nouveau, puisqu'il substitue une obligation légale à une autre considérée jusqu'à ce jour comme ne pouvant dériver que d'un contrat ou d'un délit. Du moins, il ne bouleverse pas de fond en comble la notion de responsabilité telle qu'elle a toujours été conçue. C'est une transaction sur la responsabilité qui n'en tranforme pas les éléments naturels, préjudice et fait coupable, mais aboutit simplement, à cause de la difficulté qu'on éprouve à les constater daus l'espèce, à statuer *de eo quod plerumque fit*, c'est-à-dire à supposer les deux parties coupables et à accorder une indemnité réduite.

Peut-être est-ce, à tout bien examiner, expliquer théoriquement la question au moyen de sa solution pratique : car, on l'a vu, la jurisprudence n'avait pas procédé autrement. Dans son dernier état, on peut dire, sans témérité, qu'elle avait édifié la théorie sous sa forme, connue au Palais, sous le nom de théorie des responsabilités partagées : en effet, dans l'immense majorité des cas, elle accordait une réparation à la victime en considérant que, si elle a pu commettre une faute, le patron n'est jamais, lui non plus, tout à fait indemne de culpabilité. Ce procédé consiste bien un peu à ménager la chèvre et le chou, mais à tous les titres mérite la qualification du système de transaction.

Faut-il conclure de cette remarque que cette théorie accepte au fond l'idée, à laquelle la jurisprudence française s'est attachée sans fléchir, de la responsabilité délictuelle ? Dans l'affirmative, on doit, en dehors des cas d'application du risque professionnel, en revenir aux règles des articles 1382 et suivants ; si la négative prévaut, on pourra hésiter et le fondement de la responsabilité, hors le domaine de l'obligation nouvelle, restera incertain et sujet à discussion. La réponse ne saurait être absolue. Car, s'il est de principe et d'ordre public que l'on ne peut transiger sur le délit en stipulant l'irresponsabilité de sa faute directe ou indirecte (1), rien ne s'oppose à un réglement amiable et transactionnel de l'indemnité. Il s'agit alors, non plus de faire respecter les dispositions régulatrices des rapports normaux entre hommes vivant en société, mais d'apprécier le montant du préjudice causé par leur violation. Cette appréciation est variable et le législateur ne pouvait prétendre connaître, mieux que la victime, le dommage éprouvé par elle : il ne pouvait prohiber la transaction sur le chiffre de la réparation.

La situation n'est donc pas distincte à cet égard de celle où il y aurait lieu à responsabilité contractuelle, puisque l'on peut également traiter sur l'indemnité ; la seule différence réside dans les stipulations d'irresponsabilité permises en matière de contrat et non de délit.

(1) Cassation, 14 mars 1877 et 19 avril 1878. Sirey, 1879, 1. 422 et 423.

En somme, les partisans de la responsabilité contractuelle, comme ceux de la responsabilité délictuelle pourraient revendiquer ou admettre le système transactionnel dans le risque professionnel, sans rien céder de leur théorie au-delà.

Cette conception du risque professionnel comme transaction, imposée par la loi aux intéressés, ne semble pas avoir été nettement et nécessairement distinguée de celle qui repose sur l'idée de solidarité. L'une résulte de l'autre, a-t-on dit, et les deux forment un seul tout.

« L'idée mère de la réforme législative que nous défendons, dit M. Tarbouriech, l'un des théoriciens les plus éminents du système de la solidarité, est la suivante : d'une part, garantir à l'employé, une indemnité dans tous les cas où il subira un dommage, alors même que le Code Civil ne lui confère aucun droit ; d'autre part, décharger l'employeur d'une responsabilité qui pèse sur lui actuellement, en substituant, même dans le cas où il peut se prévaloir de l'article 1382, une tarification légale à l'évaluation des tribunaux, qui, ainsi que je vous l'ai montré, échappe par son arbitraire à toute prévision. On a caractérisé ce nouveau régime par l'expression de forfait, de transaction. » Et il ajoute : « Il est évident que nous ne trouvons pas ici une transaction dans le sens technique et juridique du mot, tel qu'il résulte des articles 2044 et suivants du Code Civil.

Et surtout je ne cesse de le répéter, ce n'est pas comprendre le principe du risque professionnel que de le rapporter au droit commun de l'article 1382 qu'il a justement pour but d'écarter et de remplacer » (1).

Ainsi donc il y aurait transaction non pas sur l'indemnité, mais sur le principe. Ce système forfaitaire dont on a tant parlé, ne serait que la solidarité ellemême pour lesquelles les parties se seraient accordées en échange du Code civil et pour en éviter les inconvénients certains.

L'argumentation, si séduisante qu'elle soit, parait difficile à soutenir jusqu'au bout. Le but poursuivi dans les deux systèmes est le même : assurer à la victime de l'accident une indemnité, quand elle subit le risque inhérent à sa profession ; et pour cette raison on peut avoir une tendance à les confondre. Mais en quoi l'accord tacite des employeurs et employés pour établir un droit nouveau constitue-t-il un forfait ? C'est le cri de la conscience, a-t-on proclamé, que la solidarité professionnelle ; on n'aperçoit pas très bien en quoi on transige en écoutant cet appel de suprême équité. Vous ne comprenez pas, répond-on ; il ne s'agit pas ici des sacrifices réciproques de la transaction proprement dite ; « le mot n'a d'autre valeur que de caractériser les résultats pratiques que l'on attend de la nouvelle législation » (2). Autrement dit, ce sera en fait comme si les parties avaient transigé vraiment, mais elles ne le font pas à proprement parler.

Il faut avouer que c'est un peu jouer sur les mots, il y a forfait ou il n'y en a pas. Et il y en a un ; ce qui le prouve, c'est que même dans le sytème de la pure

(1) TARBOURIECH. *Ouvrage cité*, p. 132 et 133.
(2) TARBOUREICH, déjà cité.

solidarité, on ne songe jamais qu'à accorder à la victime une indemnité réduite. Pourquoi, puisqu'elle a payé de son sang et de ses souffrances sa quote-part du risque industriel, n'a-t-elle une réparation intégrale? Rien ne le justifie. On observe qu'on ne veut imposer à l'industrie des charges disproportionnées et trop écrasantes. A quoi bon cette restriction puisqu'en définitive ce n'est pas l'industrie qui paiera, mais le consommateur ! Au fond si l'on réduit, dans le cas fortuit, l'indemnité, c'est qu'on est hanté par l'idée de transaction; on ne sait pas s'il y a une faute quelque part à relever contre l'employé et l'employeur; et dans cette situation douteuse on coupe la paille en deux. La réparation partielle pour l'accident d'allure fortuite et à cause indéterminée, dans le système de la solidarité, c'est l'influence transactionnelle; et il parait difficile de le nier.

Selon d'autres, la transaction consisterait en ceci : le patron transige sur le principe ; il abandonne le droit commun pour baser sa responsabilité sur la solidarité, le risque professionnel ; l'ouvrier, en échange et par esprit de concession, en présence de ce renoncement du maître, abandonnerait son droit à une indemnité intégrale, même pour le cas où il pourrait l'exercer en établissant une faute de l'employeur. « Le risque professionnel entraine nécessairement le forfait : il y a forfait sur l'accident et forfait sur l'indemnité » (1). « Le risque professionnel établit, par

(1) Thévenet, rapporteur, Sénat, 4 mars 1898. — *J. Off. Débats parlementaires*, p. 258.

des concessions mutuelles entre patrons et ouvriers, un *modus vivendi* spécial » (2). Forfait sur l'accident, dit-on : quelle que soit la cause, le patron devra une indemnité ; forfait sur l'indemnité : celle-ci ne sera jamais la réparation complète du préjudice, même en cas d'absence de faute de la victime.

On comprend déjà, difficilement, que l'on considère le droit nouveau comme une transaction sur le principe, puisque la solidarité s'impose dans le risque professionnel. Mais comment expliquer qu'il y ait transaction sur l'indemnité pour le cas fortuit ? Le système ne montre-t-il pas que le forfait du patron sur le principe a pour but de se couvrir des conséquences de sa faute possible en ne payant qu'une réparation moins complète ? alors, il y a, avant tout, transaction sur l'indemnité. Dans le cas exclusif de toute faute, la réparation devrait être intégrale, puisque la solidarité l'impose. Ce qui fait décider le contraire, c'est la prédominance de l'idée transactionnelle sur l'indemnité.

Les deux systèmes du risque professionnel ne doivent donc pas se confondre au point de vue théorique. Et il y a peut-être un intérêt à adopter l'un, de préférence à l'autre. On a vu avec quel soin les défenseurs du système de la solidarité essaient de démontrer, qu'en établissant une règle réparatrice du risque professionnel, ils font une œuvre de justice et non d'assistance. Ils sentent que là est le point critique de leur théorie ; car, si elle contraint à la charité pour les accidents de

(2) Thévenet, rapporteur, Sénat, 19 mars 1898. — *J. Off. Débats Parlementaires*, p. 341.

travail, il n'y a plus de raison au nom de la solidarité sociale pour ne pas obliger la société à parer aux risques de l'humanité en général, aux événements qui peuvent frapper n'importe qui dans le cours de la vie. On voit la conséquence et on recule devant elle, en cherchant à expliqner, par un autre motif, la réglementation, par la nécessité d'une répartition équitable des charges de la production. Ceci est un masque ; au fond, la notion de solidarité domine et on ne serait pas absolument mal fondé à prétendre qu'elle engendre une obligation légale d'assistance avec toutes les conséquences futures. Au contraire, dans le système de la transaction, cette idée de charité ne peut plus étre invoquée ; le fond est toujours la responsabilité ancienne, avec une modification de mise en pratique dans l'intérêt des parties. A raison du défaut de conséquences exagérées que peut entraîner la doctrine, elle devrait, semble-t-il, être admise plus facilement, et nous nous y rallions de préférence.

Tel est le point de vue théorique : la confusion des deux systèmes est très discutable. En fait leur fusion est possible parce que les résultats pratiques en seront identiques ; ils aboutissent à une réglementation législative sensiblement analogue.

§ II. — Critiques du Risque professionnel

La doctrine du Risque professionnel a rencontré des détracteurs. L'une des critiques les plus ardentes qui lui aient été adressées a été de l'accuser de violer les règles fondamentales du Code civil sur la responsabilité. Ce reproche frappe indifféremment les deux systèmes indiqués, mais surtout celui de la solidarité. Il est inutile d'insister sur ce point : on a déjà exposé que le droit suit la marche du progrès et des idées et ne saurait être sans danger voué à l'immobilité. Toute défense de la législation de 1804, si acharnée et si élogieuse qu'elle soit, devient nécessairement caduque en présence des besoins sociaux et de l'évolution des institutions.

On a aussi incriminé la théorie, plus spécialement celle de la solidarité, en lui reprochant de vouloir créer au profit des ouvriers des privilèges qui en feraient une caste à part pourvue de plus de droits que les autres hommes contrairement au sage principe de l'égalité de tous devant la loi, proclamé en 1789 (1). Comme l'indique très justement M. Tarbouriech (2), il faut s'entendre : privilège a deux sens ; il signifie d'abord des exemptions d'impôts et des monopoles injustes au profit de certaines classes ; ensuite des lois spéciales à une ou plusieurs personnes dans leur intérêt, dispositions qui ont eu pour but non pas de créer des faveurs injustifiables, mais d'adapter à des situations déterminées les règles qu'elles réclamaient : si des institutions de ce genre ont été souvent détournées de leur but, elles n'en avaient pas moins une portée très juste. En établissant la réparation du

(1) Bérenger. Sénat 4 juillet 1895. *J. off. Déb.parl.*, p. 729 et autres cités par Tarbouriech, ouvrage cité p. 98.

(2) Tarbouriech. Ouvrage cité, p. 101 et suiv.

risque professionnel, on ne crée pas une exemption ou une faveur injustifiable pour l'ouvrier : on établit une loi spéciale, destinée à régler des rapports jusqu'ici ignorés ou dédaignés ; elle n'est pas plus attaquable à titre de privilège que toute loi nouvelle destinée à régir une situation nouvelle ; et il ne faudrait chercher ni loin, ni longtemps pour trouver à ce point de vue de nombreux privilèges dans la législation actuelle, avec toutes ses dispositions qui sont venues apporter tant d'exceptions aux règles de nos Codes.

D'autres enfin ont tenté de soutenir que les augmentations du salaire depuis cinquante ans, permettent à l'ouvrier d'épargner les sommes suffisantes pour faire face aux risques de son métier, dont par suite il n'est point besoin de s'occuper. L'argument est plutôt faible ; car si le salaire a augmenté, c'est moins en proportion de l'importance accordée au travail et pour lui donner une plus large part dans les bénéfices de la production qu'en raison de la dépréciation de la monnaie et de la cherté croissante de la vie ; l'ouvrier d'il y a cinquante ans vivait avec moitié moins de salaire parce que la somme qu'il touchait représentait une valeur d'acquisition plus élevée. On peut ajouter au surplus que ce ne sont point les professions où le travailleur court le plus de risques qui sont les mieux salariées ; il est connu que nombre de métiers sédentaires où l'employé ne court que les dangers minimes sont le plus rémunérés.

Le risque professionnel se justifie en somme par sa nécessité et par les précédents qui en témoignent.

« Il n'est pas un seul d'entre nous, disait très bien M, Bérenger au Sénat (1), qui ayant un domestique aussi bien qu'un ouvrier blessé à son service ne se croie moralement obligé de lui attribuer une rétribution. Ces choses-là se font volontairement, en le faisant, on obéit à une loi qui est supérieure à la loi positive, on obéit à la loi de la conscience ; et lorsque nous nous bornons à vous demander de mettre la loi positive en accord avec la loi de la morale et de la conscience, je crois que nous ne faisons rien d'exagéré ». Et il faut savoir reconnaître que l'industrie elle-même a rarement hésité à accomplir cette œuvre de conscience, même lorsque le travailleur avait été frappé par sa seule faute ; elle lui a réservé toutefois son caractère d'acte charitable non obligatoire, mais sans sembler s'élever trop vivement contre sa transformation en contrainte légale (2).

Le risque professionnel a donc engendré une théorie dont la justification est possible et que l'on peut admettre ; selon les opinions, on la considérera comme un système de solidarité industrielle ou de transaction. Mais il semble qu'on n'aura guère de difficultés à l'adopter. Il s'agit de voir maintenant quelle est son étendue.

(1) Bérenger. Sénat, 14 mars 1889, *J. Off. Déb. parl.* p. 253.
(2) Voir à ce sujet l'ouvrage de M. Gibon. *Les Accidents du Travail et de l'Industrie.*

SECTION III

Etendue du Risque professionnel

On a défini le Risque professionnel : « Le risque inhérent à une profession déterminée, indépendamment de la faute du patron et de l'ouvrier. »

Il paraît bien en résulter que les accidents que devra nécessairement couvrir l'employeur, seront ceux qui résulteront de l'exercice même de la profession, par suite de ses dangers intrinsèques. On doit donc écarter du domaine de la responsabilité obligatoire les sinistres sans rapports avec l'industrie et notamment ceux dûs au jeu des seules forces naturelles. Ce sont « des actes de Dieu qu'il faut laisser au débit de la divinité et à la charge de l'assistance » (1). Il ne saurait s'agir que des accidents de travail proprement dit, c'est-à-dire, survenus au cours du travail et à son occasion, si l'on veut par le fait du travail. Les promoteurs de la théorie nouvelle sont d'accord pour comprendre dans le risque professionnel les sinistres de l'industrie nés d'un cas fortuit ou de force majeure ou de causes indéterminées.

Mais l'entente cesse dès qu'on aborde ceux qui sont occasionnés par une faute du maître ou du salarié.

§ I. — DE LA FAUTE DANS LE RISQUE PROFESSIONNEL

Sans entrer à ce propos dans l'examen de la distinction juridique des fautes en faute légère envisagée *in*

(1) TOLAIN. Sénat, 19 mars 1889. *J. Off*., p. 288, cité par TARBOURIECH *op. cit.*, p. 126.

concreto ou *in abstracto* et en faute lourde, sans vouloir surtout préjuger la question de savoir si, hors les cas du risque professionnel, la responsabilité sera délictuelle ou contractuelle, ce qui entraîne une différence d'appréciation de la faute, on peut établir dès l'abord que l'accident se produit quelquefois soit par suite d'un moment d'inattention, de négligence, de fatigue chez l'ouvrier ou le patron ou au contraire après un fait vraiment voulu, dont les conséquences étaient à première vue supposables, qui a un certain caractère de gravité, sans être proprement le fait intentionnel, accompli dans le but évident de causer le dommage. Dans les deux cas, il y a faute : on retrouve l'acte personnel, volontaire et illicite indiqué plus haut ; mais dans le premier, la faute est minime et on peut à juste titre la qualifier de légère ; dans l'autre, elle est plus sérieuse et mérite, par opposition, l'épithète de lourde.

Il est certain qu'on aurait le droit de chicaner ces expressious réservées dans les travaux juridiques ordinaires à des faits de nature générale déterminée par la loi. Ainsi, on considère le plus souvent comme faute légère, celle que ne commet pas un homme diligent et soucieux de ses intérêts (article 1137 du Code Civil), et on y oppose celle qui constate l'ignorance ou l'imprévoyance de ce que tout le monde aurait compris ou prévu, d'après la définition romaine de faute lourde (1). Mais au fond tout est question de fait et

(1) Labbé. Note sous Sirey, 1876, 1. 337.

d'appréciation et l'on peut, sans trop s'attarder aux définitions de principe, adopter la même terminologie, pourvu qu'il n'y ait pas d'équivoque.

Si l'on prend la faute légère d'abord, on se demande s'il y a vraiment lieu de la distinguer du cas fortuit. Le patron est soigneux de son usine, prend toutes les mesures nécessaires à la bonne marche des affaires, surveille constamment ses employés pour éviter tout évènement dangereux : est-il sincèrement reprochable, lorsqu'au bout de ses travaux constants, le corps et le cerveau occupés partout, il lui arrive d'omettre un point de détail qui peut échapper et dont malheureusement l'oubli amène un désastre? L'ouvrier est soucieux de sa sécurité; il connaît les outils et les machines et en apprécie les dangers; mais il refait sans cesse la même besogne, il approche à chaque moment de l'engin périlleux et s'y accoutume; peut-on également élever un reproche contre lui si, à un instant, fatigué d'un travail pénible, distrait une seconde auprès de l'instrument auquel l'habitude l'empêche de songer perpétuellement, il cause un accident dont il est la première victime? Evidemment non, répond-on. « On oublie les recommandations de la prudence par la force même des choses, comme chacun de nous oublie dans sa vie journalière mille précautions et tous les détails de la prudence qui pouvaient le mettre à l'abri des accidents ». (1)

Il semble donc difficile et d'une rigueur extrême de

(1) De Mun. Chambre des députés, 17 mai 1888. *J. Off.*, *Déb. parl.*, p. 1425.

prétendre ici que chacun doit répondre de ses fautes. Il y a faute et faute ; et celles-ci méritent à peine leur nom dans la réalité. L'activité de l'ouvrier, la rapidité du travail, notamment lorsqu'il faut suivre le mouvement de la machine, le milieu bruyant et fatigant créent inévitablement des négligences qui, si minimes qu'elles soient, engendrent souvent des malheurs ; on ne peut cependant rendre la victime responsable de défaillances qui ont lieu infailliblement. Le patron de même devrait constamment surveiller ses employés ; mais qui peut se targuer de n'avoir jamais le moindre relâchement de surveillance, la moindre inattention ; il y a là d'autres défaillances inévitables. Et si cette faute légère est en quelque sorte fatale, qu'en conclure sinon qu'elle est assimilable au cas fortuit et doit être englobée dans le risque professionnel.

La discussion n'a jamais chez les partisans de la théorie nouvelle été très vive à cet égard, Mais il en est tout autrement, lorsqu'il s'agit de faute lourde. Pour les uns la faute lourde doit être englobée dans le risque professionnel et donner lieu quand même à une indemnité. Les autres au contraire soutiennent qu'elle doit être écartée et la responsabilité intégrale des parties maintenue. Une troisième doctrine englobe la faute lourde dans le risque professionnel, mais avec des atténuations ou des majorations de l'indemnité fixées *a priori* ou abandonnées à l'appréciation des juges. Les deux premières opinions sont surtout défendues par les doctrinaires de la solidarité ; la dernière se rattache plutôt au système transactionnel.

Pour comprendre la faute lourde dans le risque professionnel, on s'appuie sur la notion du droit nouveau qu'appelle la situation industrielle : plus de droit individualiste ; à la responsabilité personnelle succède l'obligation collective, la solidarité et toute idée de faute jurerait avec cette conception. De même que la tribu ou la famille antique se solidarisait avec l'un de ses membres, fut-il fautif, de même doit procéder la famille industrielle.

On ajoute que l'admission de la faute lourde est pleine de dangers et sans avantages correspondants. En effet, il est impossible de fixer ses caractères précis et de fournir un criterium très net, permettant de la distinguer de la faute légère. La preuve en ressort clairement des modes aussi variés que nombreux proposés pour la reconnaître : les uns indiquent la condamnation correctionnelle ; les autres la limitent à des faits déterminés dont la liste est manifestement trop courte ; d'autres, enfin, ne présentent aucun moyen de distinction et s'en remettent à l'appréciation judiciaire des faits. En somme, ce dernier procédé est le moins incertain ; et cependant si on l'applique, on voit contrairement à une partie du but poursuivi en édifiant la théorie du risque professionnel, renaître les difficultés et les procès : on peut craindre aussi que les magistrats dont on a déjà, surtout en notre matière, apprécié l'œuvre et l'influence, ne détournent le droit nouveau de sa voie par une interprêtation à eux, instinctivement puisée dans les traditions antérieures.

Enfin, on réclame le rejet de la faute lourde par

humanité ; il est souhaitable qu'on ignore la source des accidents et que le travailleur malheureux soit toujours assuré d'une réparation. D'ailleurs, la faute lourde est aussi inévitable que la faute légère : « les accidents dûs à la faute grossière sont aussi inévitables que les autres, dit M. Tarbouriech (1), et ils concourent ensemble à ce coefficient des risques que la statistique relève pour chaque métier et dont la constance même nous montre le peu d'importance en cette matière de l'élément moral ou psychique. Graves ou légères, les imprudences des ouvriers ou des patrons découlent de la vie qu'ils mènent et de l'habitude qu'ils prennent du danger. En somme, M. Poirrier donnait au Sénat une formule très acceptable en disant que l'industrie doit répondre des défaillances, aussi bien morales que physiques de l'ouvrier ».

On termine en affirmant que le maintien de la faute lourde, en raison de son indétermination, sera nuisible à la paix sociale en augmentant le nombre des procès. « Il importe de trouver, dit M. Cheysson (2), une combinaison qui prévienne les procès, qui répare immédiatement le dommage et laisse le minimum de chances à l'introduction de l'agent d'affaires qui, comme les harpies antiques, souille et empoisonne tout ce qu'il touche. Loin d'éteindre les procès, le maintien de la faute lourde les provoque. L'expérience ne nous dit-elle pas que l'homme d'affaires ira trouver l'ouvrier

(1) Tarbouriech. Ouvrage déjà cité, p. 146.
(2) Cheysson, cité par Tarbouriech. *Op. cit.*, p. 143 et 144.

blessé et l'invitera à plaider à tout hasard la faute lourde. Et pourquoi l'ouvrier résisterait-il à ces suggestions ? Grâce à l'assistance judiciaire, il n'a pas de frais à exposer. Pour l'ouvrier la situation sera-t-elle meilleure ? Le patron, en présence du danger qui le menace, n'aura-t-il pas intérêt, dans bien des cas, à soutenir que l'accident est le résultat de la faute lourde de la victime et par conséquent à refuser même l'indemnité partielle prévue par la loi ? D'ailleurs soucieux de sa sécurité, n'aura-t-il pas recours aux Compagnies d'assurances ? Dans ce cas celles-ci seront substituées au patron ; mais, comme on l'a dit très bien, les Compagnies d'assurances ne sont pas tenues d'avoir des entrailles et elles n'en auront pas. En un mot autant d'accidents, autant de procès ; c'est la guerre déclarée de part et d'autre et pour ainsi dire installée en permanence au cœur du travail. En un mot, la paix sociale n'a qu'à perdre à ce régime ».

L'argumentation est très serrée et fort séduisante, constatent les partisans du maintien de la faute lourde. Mais elle est insuffisante pour renverser cette idée première, gravée dans l'esprit humain, que chacun doit répondre de ses fautes véritablement dignes de ce nom. Le principe de la solidarité pour le risque professionnel peut être souverainement équitable et nécessaire socialement ; mais il ne pourrait être établi et ne doit l'être que pour les faits complètement inévitables par suite du milieu industriel et non pour d'autres.

Assurément la faute lourde est indéterminable et

tout criterium proposé serait caduc : la variété infinie des espèces déjoue la prévoyance, échappe à l'inflexibilité des règles tracées à l'avance. Mais supprimer la responsabilité de la faute lourde pour ce motif est peu logique ; c'est une raison tout au plus pour accorder aux tribunaux un pouvoir plus large qui leur permettra de trancher plus équitablement les faits dont ils ont une connaissance plus exacte que le législateur, puisqu'ils en sont moins éloignés. Les partisans de l'opinion adverse reconnaissent eux-mêmes que la loi historique et naturelle est le développement croissant des pouvoirs des tribunaux (1), dont l'impartialité est le meilleur pondérateur entre les intérêts en conflit. Pourquoi supposer que les juges, aujourd'hui plus que jamais respectueux de la loi, iront à l'encontre de ses ordres et chercheront à la tourner sous l'influence des traditions ? C'est leur attribuer, sans fondement, un esprit rétrograde que contredit précisément la façon dont ils se sont comportés en cette matière des accidents de travail, où ils ont devancé le législateur. En outre, il serait sûrement injuste de les considérer comme incapables d'interpréter sainement le droit nouveau, car ils ont fait leurs preuves et donné dans des cas plus difficiles des solutions très satisfaisantes. D'ailleurs, si en l'espèce, la crainte des tribunaux est le commencement de la sagesse, pourquoi ne pas obliger les juges à analyser la faute lourde dans les motifs de leur décision, qui sera susceptible d'être examinée par

(1) Tarbouriech. *Ouvrage cité*, p. 141.

la Cour suprême ? Ne serait-en pas assuré alors d'éviter toute application irrégulière et contraire à l'esprit juridique nouveau ? (1).

On prétend, dans la première opinion, qu'il serait humain et équitable d'écarter la faute lourde qui est aussi inévitable que la faute légère. Raisonner ainsi, c'est déplacer la question de son terrain. Qui songe à laisser le travailleur coupable dans la misère ? Personne. Mais alors, c'est une œuvre d'assistance et non de droit. Le risque professionnel tend à déterminer les droits résultant de la nécessité industrielle et rien de plus, et si l'on change de base, on s'expose à une objection extrêmement grave : pourquoi si l'assistance est obligatoire dans l'industrie, par suite des risques, n'est-elle pas pour toute la société où il y a autant sinon plus de risques et de souffrances ? Une règle dite humanitaire dépasserait le but par les conséquences qu'elle entraînerait fatalement. Prétendre en outre que les accidents dûs à la faute grave sont inévitables, au même titre que les autres, est une pure affirmation : on parle d'habitude du danger, d'insouciance fatale résultant de travaux connus et constamment identiques ; c'est vite dit. Qui peut soutenir que l'ouvrier ou le patron se sachant menacé de perdre tout avantage à procéder de cette façon insouciante, ne fera pas un effort de volonté qui empêchera le sinistre ? Il ne faut pas confondre notamment l'insouciance voulue et l'inattention involontaire.

(1) VOLLAND. Sénat, 20 mars 1896. *J. Off.*, Débats parl., p. 283.

L'appréciation de la faute lourde sera souvent difficile, soit ; son maintien n'en reste pas moins une nécessité. Car au moins il permet d'espérer une réduction du nombre des accidents. Il faut observer précisément que dans les applications pratiques qui ont été faites de l'englobement de la faute lourde dans le risque professionnel par les législations allemandes et autrichiennes notamment, le résultat n'a pas été, comme on s'y attendait, de voir diminuer le nombre des accidents, but évidemment que doit poursuivre le droit nouveau en même temps que la réparation des sinistres inévitables. Les statistiques obtenues de ces législations dites humanitaires, accusent un accroissement considérable et continu du chiffre des accidents, notamment ceux de petite importance et volontaires (1). On le reconnaît dans l'opinion adverse, mais on allègue que si «la diminution est à craindre, le législateur doit la prévoir et prendre toutes les mesures pour l'empêcher », spécialement en usant de la répression pénale. Le moyen n'est pas sûr et laisserait, en somme, échapper bien des cas en raison de l'interprétation stricte qui domine la législation criminelle et de l'impossibilité de prévoir un grand nombre d'hypothèses. Au surplus, l'augmentation des sinistres n'a point pour cause essentielle la tendance que pourrait avoir l'ouvrier à simuler un accident afin de se faire pensionner. Le moyen est trop aléatoire, plein de risques et ne saurait avoir tant d'adeptes qu'en révèlent

(1) Tabouriech. *Op. cit.*, p. 135.

les statistiques ; car, en Allemagne comme en Autriche, on exclut la réparation des fautes intentionnelles ; et l'employé courrait grand risque de voir son procédé reconnu et d'être privé de toute indemnité pour accident intentionnel.

La véritable raison de l'accroissement des sinistres est dans l'absence de responsabilité qu'amène la suppression de la faute lourde; il en résulte un relâchement général dans les précautions de part et d'autre. Et si pour l'ouvrier cet abandon de soi-même est mitigé et retardé par la peur des souffrances et des maux qu'il peut entraîner, pour le patron, atteint seulement dans sa bourse, le raisonnement est tout différent et rien ne contrebalance son imprévoyance : assuré, quoiqu'il en soit, de ne payer jamais qu'une somme fixe, pourquoi s'inquiéterait-il de prendre des soins très minutieux? Il faut compter avec l'indolence humaine dans sa forme comme dans certaines sciences sous le nom de loi du moindre effort. Il faut compter aussi sur les nécessités de la concurrence industrielle et songer que l'employeur pourra mettre en balance la somme fixe qu'il devra solder en cas d'accidents et celle qui lui incomberait pour les éviter : si celle-ci est supérieure, n'est-il à craindre qu'il préfère ses frais généraux diminués sans s'occuper des sinistres qui sont chose commune pour lui. « Comme les Compagnies de louage de voitures, qui ont plus d'intérêt à épuiser rapidement une cavalerie restreinte qu'à l'entretenir sur un effectif suffisant, ils sacrifieront impu-

nément et imprudemment la vie et la santé de leurs modestes collaborateurs » (1).

Et on a beau réglementer très sévèrement les usines dans la crainte de ce résultat : les faits ont montré les accidents en accroissement continu. La raison est donc ailleurs que, comme on le soutient, dans les risques inévitables de l'industrie et la dissimulation. Elle ne peut être que dans la faute ; et comme le législateur, pour être vraiment humanitaire, doit prévenir les sinistres avant de les réparer, on doit maintenir la responsabilité de la faute lourde. Intéressez chacun à obéir aux règlements ; du même coup, ils seront observés bien plus fidèlement. C'est le défaut de responsabilité qu'introduit la négligence et l'abandon des mesures de précautions. On ne peut le tolérer au nom de l'humanité dont il est justement la négation par ses conséquences.

Enfin quant à l'augmentation des procès qu'incrimine la première opinion, si elle est possible, elle ne constitue pas pour la doctrine du maintien de la faute lourde un défaut que l'autre théorie ait le droit de lui reprocher. On a constaté, en effet, et les statistiques allemandes (2) sont encore utiles sur ce point, que le nombre des litiges, dans une législation rejetant la faute lourde pour la comprendre dans le risque professionnel, ne diminue nullement; au contraire, il y a ici également un accroissement périodique. Il est impossible de songer à faire disparaître toute cause de litige.

(1) Tarbouriech. *Op. Cit.* p. 134.
(2) Gruner. *Bulletin des accidents du travail*, 1896. p. 195.

S'il ne s'élève pas sur la faute, c'est sur les conditions de l'indemnité et son quantum; le perdant est toujours mécontent et la paix sociale n'y gagne rien de plus. Ce ne peut être une raison pour écarter la faute lourde dont le maintien a son utilité démontrée.

Et la thèse est si vraie, ajoute-t-on, que dans les pays mêmes, où l'on a cru *a priori* et sous l'influence du raisonnement, devoir englober la faute lourde dans le risque professionnel, on voit un retour en arrière par la force des choses. Alors qu'en 1887 la jurisprudence allemande applique strictement la règle, en accordant une rente à un jeune ouvrier qui s'était blessé en se livrant à des exercices de gymnastique, qui consistaient à se pendre au moyen d'une corde à un arbre de couche, le 30 janvier 1894 elle refuse toute indemnité à des ouvriers blessés en grimpant dans un monte-charge, parce que les règlements d'atelier leur en interdisaient l'accès. En sept ans les faits ont marché et les magistrats, pour les besoins de la cause, trouvent une faute intentionnelle là où il n'y a que faute lourde; ils sentent la nécessité de rétablir la responsabilité de cette dernière en présence des résultats de la législation nouvelle. On pourrait prendre acte ici de l'esprit rétrograde déjà incriminé des tribunaux. Mais, outre qu'il s'agit en Allemage d'une juridiction spéciale, l'Office impérial des Assurances, imbue par ses fonctions mêmes des idées nouvelles, on trouve à l'appui les observations des publicistes industriels qui constatent la situation et demandent des modifications pour les cas de « négligence grossière, de faute lourde, de résistance directe aux ordres » (1). C'est cette idée que mettait en lumière le rapporteur d'un projet de loi au Sénat en 1895, lorsqu'il disait : « C'est à l'absence dans la législation allemande de dispositions spéciales relatives aux accidents dûs à la faute lourde que beaucoup attribuent l'augmentation des accidents dans l'industrie de ce pays » (2).

Telles sont en ce qui concerne la faute les opinions également absolues des partisans du risque professionnel considéré comme basé sur la solidarité industrielle.

Le système transactionnel proprement dit est intermédiaire et suit jusqu'au bout son idée de forfait en ce qui concerne la faute. S'il y a faute légère, de même que dans le cas fortuit, pour éviter toute discussion et tout procès, on accorde une indemité réduite; et celle-ci ne se distinguera pas de celle qui est accordée dans le premier cas, parce qn'au fond les parties reconnaissent le caractère inévitable et fatale de cette faute. S'il y a faute lourde, la transaction subsiste encore, mais elle doit se modifier selon quelques-uns.

Tout d'abord pourquoi les parties ne feraient-elles plus le raisonnement qu'elles ont émis jusqu'ici? Nous pouvons, diront-elles, l'un et l'autre commettre des fautes graves ; cela dépend de nous à coup sûr plus que dans les cas précédents, mais tient aussi au milieu

(1) Doutriaux : Thèse. De la responsabilité dans les accidents du travail, Paris, 1896. p. 95-96, Cf. Sénat 11 Juin. J. Off.Débats, p. 590, citation de M. Blavier.

(2) Sénat, 1895. Doc. parl. p. 273. Rapport Poirrier.

où nous sommes placés et aux circonstances spéciales dans lesquelles nous vivons ; ces fautes elles-mêmes ont un côté professionnel certain et aucun de nous ne peut prétendre qu'il est innocent du dommage causé, parce que l'origine en remonte à l'autre uniquement. Le patron notamment, dans l'hypothèse d'un manquement grave de l'ouvrier, ne l'a-t-il placé dans un milieu où souvent la rapidité du travail et de la machine ont provoqué son fait volontaire, dans un but utile qui souvent tourne contre son auteur, et peut-il alors s'en laver les mains? L'ouvrier lui-même, quoique l'argument soit moins fort, ne doit-il songer aussi, lorsque le patron a commis une omission grave de surveillance, qu'il était de son devoir et qu'il aurait pu assez souvent lui faire observer le danger auquel il l'exposait ; ce dont il s'est abstenu par insouciance plus que par ignorance, et qui ne lui permet pas de rejeter toute la responsabilité sur le maître.

On transige donc, mais en considérant toutefois que, par suite des circonstances spéciales, le chiffre de la réparation doit être modifié et la charge relevée contre le plus coupable soit par une majoration de l'indemnité ordinaire, soit par une diminution de celle-ci, selon que la faute lourde est l'œuvre du patron ou de l'ouvrier (1). La logique amènerait à déclarer que, pour que la transaction soit nette et parfaite, l'indemnité sera majorée jusqu'à une certaine limite et ne pourra être amoindrie que jusqu'à une autre limite, mais que

(1) C'est le système de la loi du 9 avril 1898 à peu près dans sa théorie de la faute inexcusable.

toujours elle restera fixe. Non point comme on l'a dit, pour éviter un procès ; (1) il faudra toujours déterminer si la faute reprochée est lourde ou non, et le débat est inévitable ou à peu près ; mais parce que la transaction s'arrête quelque part et ne saurait rester indécise.

Toutefois, déclare-t-on dans une autre opinion, puisqu'il y a nécessairement litige, il est plus naturel de laisser apprécier l'indemnité par les tribunaux : ils feront la transaction au lieu de la loi et ce en tenant compte du degré de la faute commise (2). Cette doctrine semble contraire au principe admis : en effet, on ne s'occupe plus de la faute que pour déterminer si elle est en quelque sorte inévitable ou non, mais point pour en apprécier les degrés différents ; si elle était évitable, elle est lourde et la transaction en fixe la réparation, quelle que soit son importance. Décider le contraire, c'est abandonner le système transactionnel pour graduer la réparation selon la faute, alors qu'elle ne saurait jamais qu'être adéquate au préjudice ; totalement s'il n'y a pas forfait, partiellement s'il y en a un, à raison des sacrifices réciproques.

Pour d'autres enfin, l'indemnité devrait rester identique dans tous les cas, y compris celui de faute lourde, le principe du forfait est de couvrir tous les accidents professionnels nécessairement, quelle qu'en soit la cause. On transige envers et contre tous et dans toutes les hypothèses, on jette un voile sur l'origine

(1) Aucoin. Sénat 18 mars 1898. *J. off. Débats parl.*, p. 335 et 336.
(2) Thévenet. Sénat 18 mars 1898. *J. off. Débats parl.*, p. 333.

des accidents pour opérer une transaction générale et uniforme : ils seront dûs à un cas fortuit ou à une faute plus ou moins grave ; qu'importe? On doit éviter les litiges : l'indemnité sera toujours accordée et on ne discutera plus ; tant mieux pour celui qui, ayant commis une faute sérieuse, obtiendra réparation. Toute institution d'ailleurs a ses défauts : celui-ci n'est guère important, parce que la faute lourde est plutôt rare et difficilement reconnaissable. En tout cas, il faut aller jusqu'au bout du système et le laisser logique avec lui-même (1). Cette dernière opinion se rapproche par ses règles de celle de la solidarité englobant la faute lourde dans le risque professionnel ; mais à la différence de celle-ci, elle permet de justifier la réduction de l'indemnité dans l'espèce du cas fortuit. On peut d'ailleurs y opposer les mêmes aguments que ceux employés par les partisans du maintien de la faute lourde, dont on a pu apprécier la valeur.

En résumé il semble bien que, même en écartant, au nom de la nouveauté du droit essayé dans le risque professionnel, la vieille idée que chacun doit répondre de ses fautes véritables, on doive concéder que les faits sont en contradiction avec la théorie du rejet absolu de la faute et qu'il y a nécessité de maintenir la responsabilité de la faute lourde. Celle-ci sort du risque professionnel et il faut la réglementer à part. Comment y procéder? C'est ici que revient précisément la notion de la responsabilité ancienne et de son fondement.

(1) Th. GIRARD. Sénat 18 mars 1898. *J. off. Débats parl.*, p. 331.

En effet la théorie du risque professionnel ne peut suffire à cette réglementation ; elle aboutit d'une façon générale et dans sa conception la plus ordinaire à rejeter la faute lourde. Tout au plus pourrait-on admettre le système transactionnel qui majore l'indemnité en cas de faute lourde du patron ou la restreint en cas de faute lourde de l'ouvrier. Ce serait un moyen surtout si, comme on l'a proposé en France, on laissait aux tribunaux le soin, non seulement d'apprécier le caractère de la faute, mais encore de fixer le chiffre de la réparation en plus ou en moins. Il faut observer cependant que le procédé est défectueux, tel qu'il a été imaginé. Sans doute on aboutirait à tenir compte de la faute lourde ; mais il en résulterait aussi qu'on ferait état du degré de faute pour régler l'indemnité. Or, ceci n'est plus admissible. Le risque professionnel mis en dehors, s'il y a faute la réparation doit être complète ou nulle ; le préjudice ne se mesure pas à sa cause, mais à ses conséquences, à lui-même ; et c'est lui qu'on doit réparer et non la faute. Peut-être les tribunaux pourraient-ils, n'étant lié par *aucun maximum ni minimum* — et sur ce point les défenseurs du système sont loin de s'entendre — arriver à ce résultat ; mais c'est toujours un défaut qu'ils aient la faculté de faire le contraire, ce à quoi ils se croiront d'autant mieux obligés que la loi même paraîtra le leur indiquer.

La vraie solution est donc de revenir au droit commun. Malheureusement dès ce mot jeté, les contestations renaissent et l'on se demande quel doit être ce droit commun; la responsabilité délictuelle, selon la jurisprudence ancienne et constante ou la responsabilité contractuelle, conformément à la majorité des doctrines. On connaît l'intérêt prétendu qu'il y aurait à choisir : la charge de la preuve reposerait dans un système sur l'ouvrier toute entière, sur le patron dans l'autre. Pour nous la question est toute tranchée; nous avons conclu que, quel que soit le fondement de la responsabilité, la preuve incombe toujours à la victime. Nous déciderons de même ici, sans trancher la question de principe qui est indifférente à cet égard. En fait, d'ailleurs, il faut le reconnaître, avec l'appoint de la théorie du risque professionnel, la présomption de faute contre le patron serait sans motifs : le nombre des accidents dûs à la faute lourde est de beaucoup le moins élevé; en outre, et pour réglementer exactement le risque professionnel, on a vu partout opérer les réformes de procédure nécessaires; une enquête notamment a lieu immédiatement après l'évènement qui permet d'en vérifier sans difficultés l'origine et supprime à peu près la preuve à rapporter, puisqu'elle ressort généralement toute faite.

§ II. — Durée de l'incapacité pour l'application du risque professionnel

L'accident du travail peut causer une incapacité plus ou moins longue; à première vue, il semble que la réparation devrait être accordée quelque minime que soit l'impotence : le dommage existe, cela suffit dans le risque professionnel. Néanmoins, dans la plupart des théories législatives, on limite l'application du risque industriel à une incapacité d'une certaine durée qui varie entre quatre et quatorze semaines; par exemple, en Autriche, en Norwège, en Suisse, en Allemagne.

Mais il est bon de remarquer que, dans toutes ces législations, à côté de la réparation des accidents, il y a une organisation de secours en cas de maladie qui s'applique aux victimes d'accident et correspond en réalité à une réparation dès le début. La conclusion, c'est que toute incapacité de travail, résultant du risque professionnel, doit être couverte : peu importe que ce soit sous la forme d'une indemnité pendant un temps quelconque ou du règlement des frais médicaux et pharmaceutiques, durant l'interruption de travail. Cette dernière façon de procéder est la meilleure quand l'impotence est de peu de durée; il ne faut pas favoriser les simulations. Pour la même raison, on n'a point à se préoccuper des incapacités temporaires partielles, « des bobos, des piqûres, des entailles au doigt (1) »; elles n'empêchent guère de travailler et ne constituent pas à proprement parler des accidents.

§ III. — Travail rentrant dans le risque professionnel

Certains ont voulu distinguer, au point de vue de l'application du risque professionnel, entre les accidents

(1) Félix Martin, Sénat 25 mars 1890. *J. off. Déb. parl.*, p. 347.

selon qu'ils ont été causés par un travail dangereux ou non. Cette doctrine du travail dangereux a été le vrai cheval de bataille de quelques sénateurs et députés dans la discussion de la loi du 9 avril 1898.

Une difficulté surgit d'abord dans la détermination des besognes dangereuses auxquelles la règle nouvelle devrait seule s'appliquer. On a proposé tour à tour de laisser ce soin aux tribunaux et au gouvernement, chez nous au Conseil d'État. Ces propositions ne sauraient satisfaire ; car il est inadmissible de prétendre *a priori* que le travail est périlleux ou ne l'est pas ; l'énumération risque toujours d'être trop courte ou trop longue. Qu'importe la déclaration que l'ouvrage n'offre aucun danger, lorsqu'un accident se produit durant son exécution. L'événement prouve qu'il était périlleux, puisqu'il a donné lieu à un sinistre. Une besogne en résumé est plus ou moins dangereuse ; mais on ne peut jamais soutenir qu'elle ne l'est pas du tout, à peine de se voir infliger un démenti par les faits.

Le risque professionnel en outre est créé pour réparer les accidents nés dans le travail, à l'occasion et par le fait du travail ; ni plus, ni moins. Et, comme le disait M. Ricard, (1) « la veuve et les orphelins d'un ouvrier tué, dans la moins dangereuse des professions, sont aussi intéressants que les représentants de l'ouvrier qui a péri dans les usines où la vie est constamment en péril ? » L'indemnité n'est que la réparation

(1) Ricard, Chambre des Députés 25 février 1892. Doc. parlem., J. Off., p. 302.

du préjudice et non du risque couru. Moins le travail est dangereux, moins il présentera de risque professionnel ; mais cela ne signifie pas qu'il n'en offrira aucun.

§ IV. — PROFESSIONS ENGLOBÉES DANS LE RISQUE PROFESSIONNEL.

On a déjà signalé au début de cette étude que le risque professionnel avait surtout été réclamé à cause des transformations industrielles produites par le machinisme aveugle et redoutable. Arguant de cette idée, certains ont voulu limiter l'application de la règle nouvelle à la grande industrie et on pourrait citer à cet égard de nombreux passages de la discussion à laquelle a donné lieu la loi de 1898 chez nous. (1)

Mais justice a déjà été faite de cette allégation que le machinisme serait à peu près la seule cause des accidents. Il semble au contraire, s'il n'en a pas diminué le nombre absolu, en avoir causé et en causer encore beaucoup moins que les industries où il est inconnu. Les risques industriels par suite se rencontrent dans les petits ateliers autant et peut-être même plus que dans les grands. puisque l'outillage y est moins perfectionné. Il n'y a donc aucune raison d'écarter la petite industrie de la réglementation.

Faut-il davantage éliminer l'agriculture, comme on l'a prétendu bien plus vivement que pour la petite

(1) THELLIER DE PONCHEVILLE. Députés, 25 juin 1888. *J. Off. Débats parl.*, p. 1890. BARTHE. Sénat, 1er avril 1889. *J. Off. Déb. parl.*, p. 378 et s.

industrie? Evidemment non : l'ouvrier agricole est intéressant au même degré que celui de la fabrique, de l'usine ou de l'atelier et sa situation est la même en ce qui touche les risques.

Doit-on enfin étendre le risque professionnel, comme on l'a soutenu à maintes reprises, à tout accident, quelle que soit la profession? La plupart des théoriciens et législateurs refusent cette extension à d'autres accidents que ceux des professions industrielles, commerciales ou agricoles. Ils ont déclaré d'abord qu'on ne pouvait modifier profondément la vie ordinaire et qu'on aboutirait à ce résultat en forçant à indemniser notamment le domestique on le journalier employé aux travaux de la maison (1). Ce n'est plus là le travail envisagé dans la conception véritable du Risque professionnel (2). En outre les travaux en question sont simples, les accidents y sont rarement dûs au cas fortuit et on y peut] facilement discerner la faute origine de l'accident. Il n'y a pas là non plus l'agglomération de l'atelier, cause de trouble et d'erreur ; les outils sont élémentaires, l'intéressé peut organiser sa besogne, comme il l'entend, et éviter tout danger.

Cette argumentation n'est pas dénuée de fondement, mais elle est insuffisante. En quoi le journalier est-il moins intéressant que l'ouvrier de fabrique ou le laboureur. La situation précaire en cas d'accident est identique et la distinction ne se justifie pas. « Si le droit commun qui couvre actuellement les accidents (c'est-

(1) Ricard, Députés 22 mai 1888. *J. Off.*, p. 1466.
(2) Tarbouriech, *op. cit.* p. 247.

à-dire, les articles 1382 et suivants), disait très justement M. Girault le 3 mars 1898, est suffisant, la loi en discussion est inutile; si au contraire cette loi est utile, c'est la preuve que le droit commun n'est plus suffisant et les ouvriers qui n'y sont pas compris sont des abandonnés... Que deviennent les ouvriers qui travaillent par exemple à la journée, à la petite tâche chez le propriétaire? Là aussi il arrive de nombreux accidents: ils sont presque aussi fréquents que ceux de l'industrie ». (1)

Certes l'on comprend, comme on l'a reconnu souvent. que le législateur, dans une matière aussi délicate que la réparation des accidents de travail, ne peut que procéder par étapes et aller au plus pressé, c'est-à-dire au travail industriel. Mais il paraîtrait injuste et sans fondement de limiter définitivement le risque professionnel à une catégorie déterminée de travaux. On doit dire de toutes professions ce qu'on a dit pour celles que la loi ne peut comprendre actuellement : « Si elles s'accommodent du droit commun en vigueur, pourquoi troubler leur quiétude, le législateur continuera à les ignorer. Si au contraire elles réclament l'application de la théorie nouvelle, il aura tout loisir de délibérer, si et dans quelle mesure on doit faire droit à leur requête » (2).

Observez au surplus que les partisans de la restriction du risque professionnel reconnaissent eux-mêmes qu'une réglementation identique peut s'appliquer aux

(1) Girault, Sénat, 3 mars 1898. *J. Off.*, *Débats*, p. 233.
(2) Tarbouriech, *Op. Cit.* p. 251.

professions extra industrielles, pour ainsi dire. «Sans doute on peut concevoir, dit M. Tarbouriech (1), et pour ma part je n'y répugne nullement, une législation analogue au profit des domestiques ; mais elle se rattacherait au droit de famille : les obligations que l'on ferait peser sur le maître rentreraient dans la catégorie des dettes alimentaires qui existent entre parents. Nous nous occupons pour le moment du droit industriel et nous n'avons pas à en sortir ».

Ceci résume bien l'idée : on affirme que le risque professionnel est avant tout et uniquement le risque industriel. Mais on sent qu'il pourrait bien s'étendre plus loin et cependant on ne veut pas aller jusqu'au bout de son extension, précisément parce qu'on redoute le reproche, déjà signalé contre la théorie de la solidarité, de faire œuvre d'assistance et non de droit.

§ V. — Ouvriers compris dans le Risque professionnel

On ne peut distinguer davantage entre les ouvriers victimes d'accidents selon le taux de leur salaire, pour leur accorder la réparation du risque professionnel. Quelle que soit leur rémunération et leur situation plus ou moins élevée, ils contribuent chacun à leur façon à la production et doivent être garantis de la même manière. Toutefois il a été généralement admis que ceux dont le gain est assez élevé, ne pourront

(1) Tarbouriech. *Op. Cit.* p. 251.

profiter de la régle nouvelle que jusqu'à concurrence du salaire moyen. C'est à peu près ce qui a été adopté par la législation française de 1898.

Telle est dans son ensemble avec les divergences de détail cette théorie de droit nouveau du Risque professionnel. Il reste à voir maintenant comment et avec quelles règles elle est entrée dans la législation française et dans les législations étrangères.

CHAPITRE IV

LÉGISLATION FRANÇAISE

L'examen de la législation française sur le Risque professionnel comprend l'historique de la loi nouvelle du 9 avril 1898 et le commentaire de cette dernière, en ce qui concerne les modifications apportées par elle aux anciens principes de la responsabilité patronale, en y ajoutant la loi du 30 juin 1899.

SECTION PREMIÈRE

Historique législatif en France.

L'historique de la loi nouvelle du 9 avril 1898 se divise en trois parties : d'abord les projets émis de 1880 à 1888 où l'on commence à connaître le risque professionnel ; puis ceux de 1888 à 1893 où on le discute ; enfin ceux de 1893 à 1898 où on l'adopte, après avoir fini par s'entendre.

Durant dix-huit ans nos deux assemblées législatives ont cherché un terrain de conciliation et c'est sans exagération que l'on peut répéter en les modifiant légèrement les paroles de M. Ricard à la Chambre le 18 mai 1888 : « Si nous avons été en quelque sorte les premiers à songer à la réforme de la loi en ce qui concerne les accidents, nous sommes à peu près les derniers à la résoudre » (1).

Trois divisions assez nettes apparaissent dans les projets : l'une des parties s'attache aux principes de la question ; l'autre à la procédure ; la troisième aux assurances et garanties de l'indemnité. La première seule rentre dans notre cadre.

§ I. — De 1880 a 1888.

La question des accidents de travail fut posée pour la première fois en France par M. Martin Nadaud, qui prit l'initiative de formuler un projet de loi. Nommé rapporteur, il déposa son rapport le 29 mai 1880. Son but était d'ajouter à l'article 1780 du Code civil, relatif au louage de service, le paragraphe suivant : « Lorsqu'un homme louant son travail à un autre homme s'est blessé ou tué à son service, l'employeur sera de plein droit responsable, à moins qu'il ne prouve que l'accident a été le résultat d'une faute commise par la victime ».

Ce projet que l'on pourrait considérer comme une application du risque professionnel, puisque le cas

(1) Chambre des Députés, 18 mai 1888 *J, Off.*, *Déb. parl.*, p. 1434.

fortuit et la force majeure restent nécessairement à la charge du patron qui ne peut établir la faute de l'ouvrier dans ces hypothèses, n'était en réalité que le renversement de la preuve à la charge du patron, conçu comme devant être le moyen d'améliorer la situation de l'ouvrier, à l'imitation de la législation suisse de 1877 ; la notion du risque professionnel n'y était pas véritablement entrée.

Renvoyé de suite à une commission, il reparut à la Chambre le 4 novembre 1881, accru d'un article établissant une juridiction spéciale (1). L'Assemblée le rejeta comme trop étendu et trop absolu. Et l'esprit que révèlent les amendements et contre-projets montre que l'on ne songe alors qu'à retourner le fardeau de la preuve et non au risque professionnel ; car on y admet le maître à se libérer de la responsabilité en établissant le cas fortuit ou la force majeure, aussi bien que la faute de la victime. La notion du Risque professionnel pointe cependant dans le contre-projet de M. Girard, le 10 janvier 1882, et surtout dans l'argumentation qu'il développa (2). « L'ouvrier, cela est incontestable, disait-il, court bien plus de risques qu'il y a cinquante ans, et surtout il n'est pas, comme autrefois, exposé aux accidents par suite d'une faute, mais par les risques inévitables, je dirai, par la fatalité du milieu ambiant ». Le renversement de la preuve aurait abouti, selon lui, à mettre à la charge du patron les accidents

(1) *Journal officiel,* Annexes de la Chambre des députés, p, 1599.

(2) *Journal officiel*, 1882, Débats parlementaires de la Chambre, p. 591.

dont la cause est inconnue et qui sont la grande majorité. M. Félix Faure lui objecta, et non sans raison, que cela ne changerait rien à ce point de vue ; car, si la cause est inconnue, l'accident sera alors attribué au cas fortuit et la responsabilité du patron dégagée ; ce qu'il fallait, c'était garantir à la victime une réparation prompte et certaine et éviter les procès qui tournent toujours à son détriment. « Voilà, concluait-il, la situation à laquelle il faut remédier et je dis que le déplacement de l'obligation de la preuve n'y changera rien ».

En février 1882, M. Félix Faure avait lui-même déposé une proposition de loi sur la matière. Sous prétexte de supprimer toute action judiciaire, il voulait faire supporter à l'employeur tous les accidents, sauf ceux provoqués par des faits délictueux ou criminels. Pour la première fois en France, on parle d'imposer au patron une responsabilité universelle, d'abolir toute sanction de la faute lourde de l'ouvrier. C'est ce projet qu'un orateur s'est cru autorisé à attaquer en disant « qu'il dépassait les limites des théories socialistes connues ». Cette conception a d'ailleurs été funeste à la loi sur les accidents et a constitué une des principales raisons de son échec pendant de longues années. Une remarque à faire : l'auteur de la proposition demandait l'établissement d'un tribunal arbitral pour trancher les contestations que provoquerait la réglementation nouvelle (1). N'est-ce pas un aveu qu'il était

(1) *Journal officiel*, 1882, Débats parlementaires de la Chambre, p. 557.

impraticable de supprimer les procès, même en sacrifiant la faute lourde ?

Il résultait néanmoins du projet que l'on concevait de plus en plus la nécessité pour l'industrie de supporter les charges des accidents qu'elle entraîne, ce qui constitue bien le fond du risque professionnel. « C'est, en effet, disait M. Félix Faure, le travail qui est responsable de tout accident frappant l'ouvrier dans l'usine ou sur le chantier, alors que cet accident est déterminé par le bâtiment, par l'outil ou qu'il résulte du travail lui-même. »

Après une discussion publique très vive, en mars 1883, où M. Félix Faure s'efforça de montrer que le principe nouveau qu'il proclamait, à savoir que « toute exploitation au service de laquelle un accident se produit doit supporter les conséquences de cet accident », était basé sur l'équité et sur l'expérience ; que l'exploitation devait supporter les conséquences des accidents au même titre que l'usure et la destruction de son matériel, l'amortissement de son outillage, les risques d'incendie, de responsabilité civile et tant d'autres. Après des amendements tendant à limiter la charge à l'industrie mécanique, le projet fut renvoyé à la commission pour un examen plus approfondi du gouvernement.

Le 10 mai 1883, MM. Girard, Reyneau et Escanyé présentent un contre-projet limitant le risque professionnel, cette fois nommé en toutes lettres, aux industries mécaniques, et laissant les accidents en dehors du risque professionnel soumis au droit commum.

La Commission présente un troisième rapport le 16 février 1884 (1). Son projet embrassait et coordonnait les deux systèmes du renversement de la preuve et de la responsabilité à raison du risque professionnel. Elle admet ce dernier, sauf pour la faute lourde qu'une présomption met à la charge du patron ; elle le limite toutefois aux industries à outillage mécanique. Mais avant la deuxième délibération, le Gouvernement fait déposer, le 24 mars 1885, par M. Rouvier, ministre du commerce, un autre projet élaboré dans une Commission extra-parlementaire, instituée le 3 novembre 1884. Il accepte le risque professionnel pour certaines industries « où, soit à raison de l'outillage, soit à raison des moteurs, des matières employées ou fabriquées, l'ouvrier est exposé à un accident dans l'exécution de son travail », industries à déterminer par un règlement d'administration publique; mais il refuse d'y comprendre la faute des parties. La fin de la législature empêcha d'aboutir, faute d'une seconde délibération, le projet voté en première lecture par la Chambre.

Le projet gouvernemental fut repris par M. Rouvier, qui n'était plus ministre, et le gouvernement en saisit à nouveau la Chambre le 2 février 1886 (2). Entre temps, on voit au Sénat M. Blavier déposer une proposition de loi sur la même question, le 26 janvier 1886 (3) ; quoiqu'une commission ait été instituée, jamais il n'y eut de discussion en séance.

(1) 1884. Annexes de la Chambre. *J. off.*, p. 250.
(2) *J. Off.* Documents parlem., Chambre 1886, annexe n° 395.
(3) *J. Off.* 1886. Annexes du Sénat, p. 81.

Le rapport sur le projet Rouvier fut déposé le 28 novembre 1887 à la Chambre (1). Le rapporteur, M. Duché, prétendait appuyer la théorie du risque professionnel sur le Code civil et la tirer de la responsabilité du fait des choses que l'on a sous sa garde ; il en concluait à l'application du risque professionnel uniquement dans la grande industrie ou dans les industries analogues, particulièrement celles qui ont un caractère spécial de danger ; et il rejetait le maintien du droit commun pour la faute, « le démembrement de la responsabilité » dans ce domaine étant inutile et dangereux. Tout accident du risque professionnel devait être réparé, sauf celui volontairement provoqué par la victime, puisqu'alors « le fait des choses ne peut plus être invoqué ». La commission ne touchait pas à la preuve : c'était à l'ouvrier à établir le fait des choses ; à cet égard, elle retournait sûrement en arrière. Enfin, le tribunal avait à apprécier les degrés de la responsabilité et à fixer l'indemnité entre un maximum et un minimum, en cas de faute.

Le projet fut voté complètement avec quelques modifications le 10 juillet 1888. En somme, il admettait le risque professionnel comme base de la nouvelle législation, mais seulement pour certaines industries où il y a un risque spécial (l'article premier indique les « usines, manufactures, chantiers, entreprises de transport, mines, carrières et en outre toute exploitation où il est fait usage d'un outillage à moteur

(1) *J. Off.* 1887. Annexes de la Chambre, n° 2150, p. 386.

mécanique »). L'ouvrier est partiellement responsable de sa faute lourde : le tribunal peut réduire son indemnité dans ce cas. Cette partie a été très vivement attaquée et de nombreux députés, spécialement MM. Bovier-Lapierre, Freppel et Keller, auraient voulu maintenir alors la responsabilité intégrale de l'employé. Celle du patron est maintenue (article 12). La faute lourde a pour *criterium* la condamnation pénale à plus de huit jours de prison.

§ II. — De 1888 a 1893

Le projet voté par la Chambre est transmis au Sénat le 17 juillet 1888. M. Tolain rédige le rapport qui, au nom de la Commission, adopte la solution de la Chambre et le dépose le 24 janvier 1889 sur le bureau de la Chambre haute (1). Il ne donnait plus toutefois à la théorie du Risque professionnel la même base que M. Duché; il le considérait comme un droit nouveau nécessaire, thèse qui d'ailleurs avait été celle de la Commission de la Chambre des députés, quand, à la suite du décès de M. Duché, les fonctions de rapporteur étaient échues à M. Ricard.

L'apparition du Risque professionnel au Sénat soulève un tolle général parmi ses membres. A la discussion générale, M. Blavier l'attaque comme créant nn privilège pour l'ouvrier ; M. Fresneau combat également le principe qui est « un faux pas de plus dans une fausse

(1) Sénat, 24 janvier 1889. *Déb. parl. J. Off.*, p. 51 et *Documents parl. du Sénat*, 1889, p. 21.

route ». M. Lacombe observe, chiffres en mains, que les industries les plus dangereuses ne sont pas celles qui usent de moteurs mécaniques et que le motif pris de la transformation de l'outillage n'est pas fondé : pour lui le risque professionnel existe, mais ne doit pas comporter de distinction. M. Léon Say accuse le projet d'être un premier pas dans la voie du socialisme d'Etat (1).

La discussion de l'article premier consacrant le risque professionnel n'est pas moins vive : M. Trarieux, qui l'acceptera cependant sous peu, rejette ce projet qui confond toutes les causes d'accident, en règle les suites sur des moyennes ; « ce n'est qu'une transaction tout juste bonne pour une convention, mais non pas pour une loi qui doit procéder de l'idée de pure justice». D'autres admettent le risque professionnel, mais veulent le restreindre considérablement, ainsi MM. Félix Martin, Cordelet et Bérenger ; ce dernier, notamment, se fait le protagoniste de la doctrine du « travail dangereux ». M. Maze, au contraire, s'élève contre toute restriction à l'étendue du Risque professionnel et veut une indemnité pour tout accident de travail.

Après renvoi à la commission des divers amendements, sur la proposition de M. Léon Renault, le 25 mars, celle-ci apporte une nouvelle rédaction, le 1er avril, adoptant la thèse de M. Bérenger. Le projet, remanié en ce sens, fut adopté par le Sénat en première délibération, en février 1890, et définitivement le

(1) Sénat, 8 mars 1889. *J. Off. Débats parl,*, p. 195, 200 et 204 ; 9 mars, p. 216 ; 12 mars. p. 231.

20 mai 1890. L'employeur est responsable de tout accident survenu par le fait du travail dans toute industrie où le travail sera reconnu dangereux. C'est un règlement d'administration publique qui déterminera ces industries. Toutefois, le patron peut se libérer en prouvant la faute lourde de l'ouvrier : la charge de la preuve est donc ici renversée comme en 1882.

Un désaccord s'établit à cette époque entre la Chambre et le Sénat au sujet de la faute lourde : la Chambre l'englobe dans le risque professionnel, en réduisant seulement l'indemnité de la victime, si c'est elle qui est coupable, tandis que le Sénat la laisse sous le régime de l'article 1382.

Le projet, voté à la Chambre haute en 1890, revient à la Chambre des députés le 28 juin 1890 : celle-ci le renvoie à la commission du travail dans les manufactures. Dans l'intervalle on dépose encore des propositions de loi devant cette assemblée ; elles sont nombreuses, on peut indiquer celles de M. Dron, du 2 février 1891, et de M. Le Cour, du 9 mars 1891, qui organisent une juridiction arbitrale. C'est seulement le 25 février 1892 que la Commission du travail présente son rapport ; rejetant le projet sénatorial elle en rédige un autre (1). L'on discute enfin cette nouvelle rédaction en mai et juin 1893. Tout aussitôt, MM. Goujon et Léon Say reprochent très justement le fait d'avoir modifié la réglementation acceptée antérieurement par le Sénat, comme une cause de difficultés

(1) Chambre, 1892, *Docum. parl.*, p. 301.

et un procédé dont le résultat le plus sûr sera d'empêcher la loi d'aboutir (1). Mais la Chambre passe outre, examine de suite le texte du projet de sa commission et le vote dans son ensemble à une presque unanimité, le 10 juin 1893.

Dans ce projet, le risque professionnel s'applique à une grande quantité d'industries, limitativement énumérées par l'article premier, beaucoup plus complet qu'en 1888 ; mais les travaux purement agricoles et ceux où l'on emploie des outils élémentaires et simples sont écartés. En voici le texte : « Les accidents survenus dans leur travail ou à l'occasion de leur travail aux ouvriers et employés occupés dans l'industrie du bâtiment, les usines, manufactures, chantiers, entreprises de transport, de chargement et de déchargement, les magasins publics, mines, carrières et en outre dans toute exploitation ou partie d'exploitation dans lesquelles sont fabriquées ou employées des matières explosibles ou dans laquelle il est fait usage d'une machine à vapeur ou de tout autre machine mue par une force élémentaire (vent, eau, vapeur, gaz, air chaud, électricité, etc.) ou par des animaux... »

§ III. — De 1893 a 1898

Arrivons maintenant aux dernières discussions parlementaires qui ont eu lieu et ont abouti, non sans difficulté, à la loi actuelle.

(1) Chambre des Députés, 18 mai 1893. *J. Offi. Débats parlem.*, p. 1440 et ss., notamment 1449.

Le projet voté par la Chambre, en 1893, fut transmis au Sénat le 24 juin 1894. Cette dernière Assemblée le fait examiner en Commission ; une longue enquête est faite ; les commissaires se mettent en rapport avec des membres de la Commission du travail de la Chambre ; mais on n'aboutit pas à un accord. Enfin, après des études successives, une solution mixte est proposée entre le texte voté au Sénat, en 1890, et le dernier texte de la Chambre et un rapport déposé par M. Poirrier, le 3 avril 1895 (1).

Le rapporteur y demande à la Chambre haute de confirmer sa solution de 1890 acceptant le risque professionnel à la charge du chef d'entreprise, jusqu'à concurrence d'une réparation transactionnelle et forfaitaire ; car « si dans les industries les plus dangereuses, les ouvriers reçoivent généralement un salaire plus élevé, ce n'est que justice ; une réparation pécuniaire, en cas d'accident, ne leur rendra ni la vie, ni l'usage d'un membre perdu ». On appliquera la règle nouvelle à tout travail industriel et même à l'entreprise commerciale pour la partie qui offre un caractère industriel. Le soin de fixer la liste des exploitations industrielles, en tout ou en partie, est abandonné au Conseil d'État. En ce qui concerne la faute lourde, par esprit de conciliation, on renonce à la laisser sous l'empire du droit commun : l'indemnité de l'employé pourra seulement être diminuée par le juge ; ou elle sera augmentée

(1) *J. off.* 1895. Sénat, 3 avril 1895. Débats parl., p. 347. — Documents parl. du Sénat, p. 268.

jusqu'à la limite du montant du salaire annuel, si la faute incombe au patron. Cette disposition est tirée et renouvelée d'un amendement antérieurement présenté à la Chambre par M. Thellier de Poncheville, mais rejeté par elle.

L'examen du projet a lieu les 10, 11 et 13 juin. La discussion générale est très courte et peu importante. Mais lors de l'étude des articles, les débats reprennent. La rédaction de l'article 1er est critiquée par M. Blavier comme trop large ; il voudrait qu'aux termes généraux employés d' « entreprise ou exploitation industrielle » on joigne l'expression restrictive « dans lesquelles il est fait usage d'un moteur mécanique ou dans lesquelles le travail est reconnu dangereux ». « Il n'a jamais été question, ajoute-t-il, même à la Chambre, d'appliquer le risque professionnel et ses conséquences à un travail quelconque, mais bien à un travail industriel placé dans des conditions spéciales, présentant des risques exceptionnels ». Le rapporteur répond que tout travail industriel doit être soumis à la loi nouvelle ; bien des industries de réputation peu périlleuses apparaissent fort différentes à la lumière des statistiques exactes; ainsi l'industrie textile où les machines sont nombreuses et compliquées vient au vingt-septième rang à cet égard, alors que l'industrie de la brasserie est au premier, d'après la statistique allemande de 1892. C'est en présence des faits, de la difficulté à délimiter l'industrie dangereuse de celle qui ne l'est pas, que la Commission du Sénat estime nécessaire de comprendre dans le risque professionnel tout accident, quelle que soit l'exploitation industrielle où il survient (1).

La thèse de M. Blavier est défendue à nouveau par M. Lebon. ministre du commerce et M. Milliard. Le texte voté par la Chambre limitant le risque professionnel à l'industrie dangereuse ou employant un outillage mécanique doit être repris. Cela est nécessaire, comme l'avait bien montré le rapporteur de la Chambre, M. Ricard, en combattant en 1888 l'amendement De Clercq tendant à établir le régime préconisé par le rapporteur actuel du Sénat.

Aussitôt après, l'agriculture fournit une autre source de discussion (2). M. Blavier refuse de l'englober dans l'énumération industrielle, sauf lorsqu'elle use de machînes mues par des moteurs inanimés : il distingue le loueur de machines à battre ou l'exploitant agricole qui a une machine à vapeur pour battre ses récoltes et le fermier qui se sert d'une battense mise en mouvement par des animaux ; les premiers sont des industriels et la loi s'applique à eux dans la mesure où ils emploient ces moteurs ; le dernier reste en dehors de son domaine.

Au bout de ces débats, la Commission reprend son article premier et en rédige un nouveau le 13 juin, se conformant aux vœux de la Chambre haute dont l'intention manifeste était de borner le risque professionnel aux industries dangereuses avec de larges

(1) Sénat 11 juin 1895. *J. Off. Déb. parl.*, p. 589 et s.
(2) *Idem*, p. 595 à 597.

restrictions au sujet de l'agriculture. M. Blavier, stimulé par ce résultat, tente d'en obtenir davantage et propose au Sénat de rétablir l'ancienne disposition de 1890, c'est-à-dire, d'appliquer la loi au seul travail « reconnu dangereux » avec abandon au Conseil d'Etat du soin d'énumérer les industries périlleuses (1). Un nouvel assaut a lieu alors contre toute l'économie du projet ; on revient sur l'ensemble de l'article premier et on discute ardemment à propos de l'agriculture. Les remarques très justes de M. Séblinesur l'extension à celle-ci du régime nouveau, auquel elle n'est point préparée par son ignorance de la pratique de l'assurance, amènent le Sénat à restreindre l'application de la loi aux accidents agricoles produits par les machines à moteurs inanimés. Un éloge pompeux de l'article 1382 s'encastre à ce propos dans la délibération, par l'organe de M. Buffet qui, néanmoins, après avoir beaucoup critiqué le projet, aboutit à en accepter le fond, soit le risque professionnel, qu'il propose d'appliquer aux industries où il y a des machines à vapeur ou d'autres moteurs que l'ouvrier ne domine pas et dont il peut être victime. Enfin arrive M. Bérenger, qui est opposé à une énumération des industries dans la loi. Pour lui, le risque professionnel ne doit réparer que les accidents survenus dans l'exécution d'une besogne dangereuse, que celle-ci soit agricole ou industrielle ; l'appréciation du caractère périlleux du travail est livrée aux tribunaux pour chaque espèce.

(1) Sénat, 13 juin 1895, *J. Off. Débats parl.*, p. 599 à 611.

Bref, le désaccord s'accroit avec l'ampleur de la discussion. On finit par renvoyer une deuxième fois l'article 1er à la Commission, qui démissionne de suite. Elle retire sa démission peu après et se remet sur le chantier : le 28 juin, M. Poirrier dépose un rapport supplémentaire (1).

Les débats, recommencés le 4 juillet, se continuent le 5 et le 8. L'article 1er, dans sa teneur nouvelle, est rédigé de façon à donner satisfaction à l'amendement Sébline, relatif à l'agriculture, et aux remarques de MM. Blavier et Buffet concernant la petite industrie. On fixe à trois le nombre des compagnons que peut s'adjoindre un ouvrier sans tomber sous le coup de la loi. Toutes ces concessions n'empêchent pas M. Blavier de redemander à nouveau avec un acharnement extraordinaire l'intervention du Conseil d'État pour déterminer les professions périlleuses. Le rapporteur se voit contraint de reprendre les motifs généraux de la législation en discussion : on s'imaginerait revenu à l'époque où le Sénat faisait, pour la première fois, connaissance avec la théorie nouvelle ; car MM. Waddington et Bérenger arrivent à la rescousse pour combattre avec M. Blavier l'utilité de la loi. Tous ces efforts restent stériles et la Chambre haute rejette l'amendement pour lequel ils avaient été employés (2).

La question de la faute lourde vient en discussion le 25 novembre. Un amendement est présenté par

(1) *J. off.* 1895. Annexes du Sénat, p. 277 et 28 juin 1896. Débats parlem., p. 695.

(2) Sénat, 4 juillet 1895, *J. Offi.*, *Débats parl.*, p. 723 à 731,

M. Grivard pour permettre au juge de refuser toute indemnité à l'ouvrier coupable d'un fait de ce genre : « On ne s'assure pas dit-il, contre la faute lourde et vous introduiriez en principe singulièrement dangereux si, malgré tout ce qui a été jugé jusqu'ici, vous admettiez que l'assurance doit couvrir la faute lourde (1) ». Le projet qui est une solution intermédiaire, tenant compte des idées des deux assemblées législatives, est défendu par le rapporteur et le ministre de la justice : il est adopté malgré l'amendement Grivard et l'amendement Cordelet qui, lui, tendait à limiter l'appréciation du juge en cas de faute lourde de l'ouvrier.

Le 5 décembre 1895, la loi est adoptée en première lecture ; le ministre de la justice, M. Ricard, s'engage à faire accepter ce projet par la Chambre, le considérant comme une transaction satisfaisante entre les vœux des deux Assemblées.

La seconde délibération s'ouvre le 28 janvier 1896 sur une rédaction nouvelle de la commission, sensiblement analogue à celle de 1895. On aurait pu croire qu'on allait procéder à une simple formalité de la procédure parlementaire, quand le renvoi d'un contre-projet Bérenger à la commission bouleverse tout. Ce dernier voulait que « tout accident qui se produit dans l'exécution d'un travail dangereux oblige celui qui a commandé ou dirigé ce travail à sa réparation, à moins qu'il ait été causé par la faute seule de l'ouvrier » (2).

(1) Sénat, 25 novembre 1895. *J. Offi.*, *Débats parl.*, p. 949.
(2) Sénat, 28 janvier 1896. *J. Off.*, Déb. parl., p. 23.

C'était un retour en arrière, dont le résultat était de rendre l'ouvrier responsable de sa faute, même légère.

A la suite de ce renvoi, la discussion est ajournée ; lors de sa reprise le 17 mai 1896, c'est le texte de 1890 qui reparait, avec admission de la responsabilité totale en cas de faute lourde pour l'employeur comme pour l'employé. Toutefois, au lieu de restreindre, à l'instar du texte de 1890 et selon la motion de M. Bérenger, le risque professionnel au seul travail dangereux, on énumère limitativement les industries qui y sont soumises. On met dehors de la règle nouvelle, à la demande de M. Blavier, le simple ouvrier qui use accidentellement de la collaboration de quelques camarades.

Il est bon de noter, au point de vue du jeu même du risque professionnel, la séance du 20 mars, relative à la quotité de l'indemnité. La Commission avait simplement fixé un maximum que le juge ne pouvait dépasser. Elle accepte un amendement de M. Maxime Lecomte fixant un minimum également infranchissable par cette idée que « les juges n'auront qu'a se mouvoir entre ces deux chiffres et auront une possibilité d'appréciation qui satisfera tous les intérêts » (1). Ce système aboutit à exclure presque totalement la faute lourde du risque professionnel, à en rendre chacun responsable, comme le faisait justement remarqner M. Trarieux (2).

Le 24 mars 1896 le projet est voté. Le Sénat a adopté

(1) Sénat, 20 mars 1896. *J. Off.* Déb. Parl., p. 290.
(2) Sénat, 20 mars 1896. *J. Off.* Déb. Parl., p. 289.

l'énumération des industries dangereuses faite par la Chambre ; mais il rend patrons et ouvriers responsables de leur faute lourde.

La commission de la Chambre, saisie du texte du Sénat, le modifia de nouveau. Le rapport fut déposé le 7 juillet 1897 par M. Maruéjouls et le projet vint en discussion les 26 et 28 octobre. La discussion générale est assez longue : elle est surtout occupée par une sortie assez peu fondée de M. Julien Goujon tendant à reprendre le projet de 1880 de M. Nadaud qui lui semble le summum de l'équité et de la clarté. La théorie du Risque professionnel avec simple inscription des charges par l'industriel à la colonne des frais généraux est très commode « même excellente, si l'on ne devait avoir en vue qu'une question d'humanité et non une question de justice » (1), mais l'indemnité forfaitaire, que l'on établit en compensation des charges et pour ne pas les surélever, est insuffisante. Il s'élève aussi contre toutes les distinctions entre les professions et les ouvriers. Il ajoute que l'indemnité forfaitaire est une injustice, n'étant pas égale au préjudice éprouvé : pour lui, dans le risque professionnel véritable, comme dans tous les cas où un dommage est causé à quelqu'un au profit de la collectivité, par exemple celui d'expropriation pour cause d'utilité publique, la réparation doit être intégrale.

Mais son but paraissait surtout en fin de législature, de donner une solution pour satisfaire les électeurs, de

(1) Chambre, 26 octobre 1897. *J. off.* Débats, p. 2192.

faire une loi d'attente (1). C'est ce que lui fit sentir le rapporteur, M. Maruéjouls, avec sa verve mordante, traitant le renversement de la preuve comme « une antiquaille qui n'est même plus discutée dans les académies de province ». Après quelques observations de M. Charpentier, qui semble préconiser le système transactionnel dans le risque professionnel et s'élève contre la faute inexcusable, impossible à distinguer de la faute intentionnelle et qui est inévitable, de l'aveu même des patrons ; de M. Groussier, sur cette dernière partie, et enfin de M. Balsan, pour écarter la petite industrie, incapable de supporter la charge du risque professionnel, la Chambre passe de suite à l'examen de l'article 1er, qu'elle ne fait qu'effleurer avec un exposé nouveau de M. Julien Goujon, relatif à son amendement tendant à reprendre le projet Nadaud.

Le 28, la discussion de l'article 1er recommence. Une observation de M. Basly, dans le but d'englober les délégués mineurs parmi les ouvriers employés dans les mines est acceptée par le rapporteur. M. Julien Goujon propose ensuite de comprendre dans l'énumération légale les industries toxiques. Le rapporteur s'y oppose en distinguant l'accident de la maladie : « Il serait peut-être important, dit-il, de faire une distinction. Si le fait de travailler des matières toxiques, cause ce qu'on appelle un accident, c'est-à-dire, entraîne immédiatement une incapacité de travail, soit. Mais il peut arriver, comme dans l'industrie des allumettes, par exemple,

(1) Chambre, 26 octobre 1897. *J. off.* Débats, p. 2205-2206.

que par une intoxication lente, il se produise, non un accident, mais une maladie. C'est alors un tout autre ordre d'idées. La Chambre doit comprendre la différence entre les deux. » Après un débat assez confus, il paraît admis qu'on doit considérer comme accident l'intoxication accidentelle, absorption accidentelle, éclaboussure d'acide, asphyxie par les gaz délétères d'une fosse d'engrais, d'un puits, etc. Finalement, M. Bourgeois, président de la Commission, propose d'adopter la distinction jurisprudentielle entre la maladie et l'accident et de s'en rapporter à l'interprétation large des tribunaux (1).

L'article 2, écartant le droit commun et limitant le salaire rentrant dans le risque professionnel à 2.400 francs, fait l'objet de nouvelles observations. M. Groussier voudrait qu'on laisse droit d'option entre le droit ancien et nouveau à l'ouvrier. M. Julien Goujon vient appuyer cette thèse et déclare l'article inutile. Il est néanmoins adopté sans difficultés.

Enfin, avec l'article 21, on aborde la question de la faute : il refuse l'indemnité en cas de faute intentionnelle, la réduit ou la majore en cas de faute inexcusable de l'ouvrier ou du patron, sans que la majoration puisse dépasser le montant du salaire annuel. Il ne soulève qu'une remarque de M. Lamendin relative au témoignage des délégués mineurs et est voté *de plano*.

Il faut remarquer que la délibération, en 1897, a été plutôt rapide et qu'elle témoigne toute entière du désir

(1) Chambre des députés, 28 octobre 1897. *J. off.* Déb. parl., p. 2215 et 2217.

de voir aboutir la loi avant les élections de 1898 ; le projet est adopté dans son ensemble le 28 octobre 1897 et renvoyé au Sénat. Il admet le risque professionnel appliqué aux industries limitativement déterminées par le texte de la même manière qu'au Sénat en 1896. Mais la Chambre ne veut pas revenir au droit commun de l'article 1382 en cas de faute lourde : elle maintient sur ce point le système de forfait, tout en permettant de tenir compte de la faute inexcusable de l'employeur ou de l'employé.

La commission du Sénat examine le texte qui lui a été communiqué par la Chambre et propose une nouvelle rédaction : le rapport est déposé par M. Thévenet en janvier 1898 (1). Le 3 mars 1898, on entame à la Chambre haute la première délibération sur ce nouveau projet (2). La discussion générale est très longue et occupe la plus grosse partie de la séance. M. Girault proteste contre la restriction du risque professionnel à des industries déterminées. M. Le Cour Grandmaison considère la loi comme impraticable chez nous à la différence des pays étrangers, faute d'organisation corporative. M. Darbot s'élève comme M. Girault contre l'exclusion de l'agriculture. Le ministre du commerce, M. Boucher, explique alors les motifs pour écarter provisoirement celle-ci et on passe à la discussion des articles.

L'article 1er, qui n'est que la reprise du texte de 1897 et de 1896, ne soulève guère de difficultés.

(1) Sénat, 1898. Documents parlementaires, *J. Officiel*.
(2) Sénat, 3 mars 1898. Débats parl., *J. Off.*, p. 230 et s.

M. Girault recommence, sous forme d'amendement, la thèse développée par lui déjà, puis retire sa motion. MM. de Marcère et Félix Martin demandent qu'il soit bien entendu que l'article ne s'applique qu'aux ouvriers attachés à l'industrie et non aux personnes étrangères à celle-ci, fortuitement présentes lors de l'accident, sauf pour les délégués mineurs.

L'article 2 limitait les effets du risque professionnel aux ouvriers gagnant plus de 3.000 francs et laissait les autres sous l'empire du droit commun ; il soulève un débat très vif entre la commission et M. Félix Martin. Celui-ci veut abaisser le chiffre d'application du régime nouveau à 1.800 francs et trouve une contradiction dans le système légal à admettre encore le droit commun. On doit seulement permettre à la victime d'un gain supérieur au chiffre légal d'user de la loi jusqu'à concurrence de ce dernier, et pour le surplus de demander une indemnité s'il prouve une faute du patron, sans être tenu lui-même de la sienne. L'orateur avoue, toutefois, que sa théorie est, « en partie, la transplantation de l'article 1382 ». M. Charles Prevet observe, à son tour, que l'adoption du risque professionnel jusqu'à un certain chiffre et la soumission de la victime au droit commun pour le surplus est une anomalie ; selon lui, on doit appliquer seulement le risque professionnel jusqu'à 3.000 francs ; au-dessus, non, parce que les ouvriers de cette catégorie n'en sont plus, ont un rôle supérieur qui leur crée une part de responsabilité. M. Félix Martin répète alors qu'on ne doit, en aucun cas, revenir au droit commun et dépose un amendement dont il demande le renvoi en commission. Cette demande est rejetée, et l'article 2 voté tel quel, après déclaration du rapporteur, sur la demande de M. Martin, que son sens est bien que les ouvriers gagnant plus de 3.000 francs n'auront pas le droit de recourir au droit commun (1).

L'examen de la faute lourde vient, avec le nouvel article 20, le 4 mars 1898. La partie de l'article supprimant l'indemnité en cas de faute intentionnelle est votée sans discussion. Mais le reste provoque, au contraire, un ardent débat : il adoptait le système de la Chambre en 1897 majorant ou réduisant l'indemnité en cas de faute inexcusable. M. Garreau reprend alors la défense de l'article 1382 que le Sénat avait toujours adopté jusque-là dans l'hypothèse actuelle ; il renouvelle toutes les idées déjà émises à ce sujet et attaque le projet comme une combinaison mixte contraire aux principes du droit, qui ne satisfera personne. Comme M. Grivard en 1895, il déclare qu'il ne faut pas laisser dans notre législation ces deux idées également fausses et dangereuses, c'est qu'on peut commettre une faute inexcusable et avoir droit quand même à une indemnité et qu'on peut commettre une faute inexcusable et ne devoir quand même qu'une réparation partielle du dommage causé par cette faute (2). Le rapporteur explique alors, une fois de plus, que la législation actuelle est en dehors du droit commun et

(1) Voir, sur cette discussion, Sénat, 3 mars 1898, *J. Off.*, Débats parl., p. 238 à 242.

(2) Sénat, 4 mars 1898. *J. Offi.* Débats parl., p. 257.

crée un droit nouveau qui « repose sur un forfait englobant les causes multiples d'accidents. » Si le texte parle encore de la faute inexcusable, c'est par une concession « aux préjugés nés de ce droit commun » ; elle se confond avec la faute lourde indéfinissable. L'amendement Garreau est rejeté. Après une observation de M. Félix Martin sur le terme trop large, selon lui, de « préposés », le Sénat vote l'article 20.

Le 7 mars 1898 on termine la première délibération. L'ensemble du projet alors adopté consacre le risque professionnel tel qu'il était réglementé par la Chambre en 1897 d'une façon générale et le Sénat décide de passer à une seconde délibération.

Celle-ci commence le 15 mars suivant. L'article 1er est de nouveau voté sans discussion. Il en est de même pour l'article 2 qui a été dans l'intervalle profondément modifié et où la Commission s'est ralliée à la majeure partie des observations de M. Félix Martin ; il limite le chiffre d'application du risque professionnel à 2.400 francs et fixe l'indemnité possible pour le surplus ; il écarte absolument le droit commun.

Mais le 18 mars, le débat s'ouvre de rechef sur l'article 20 relatif à la faute. Si l'on admet sans difficultés la privation de toute indemnité lorsqu'elle est intentionnelle, il n'en est plus de même pour le régime de la faute inexcusable. M. Théodore Girard propose les termes d' « imprudence grave » et reprend les théories développées par M. Garreau antérieurement, trouvant le système présenté plus dangereux que le risque professionnel avec toutes les conséquences, c'est-à-dire avec une indemnité dans tous les cas, quelle que soit la faute. Il faut faire une loi de justice et non d'assistance et la justice veut qu'on réponde de ses fautes. Le rapporteur, contraint de revenir sur les idées fondamentales de la question, les explique à nouveau, mais en s'appuyant, à tort, sur certaines législations étrangères qui n'ont, prétend-il, soulevé aucune plainte, notamment la législation allemande. Il montre que le texte est une concession aux idées courantes et à la Chambre pour aboutir. Le Sénat rejette l'amendement Girard (1).

M. Aucoin intervient alors pour renforcer le système forfaitaire de la loi, voulant que l'indemnité, dans tous les cas, existe d'une façon efficace et ne tombe pas à rien ; son but, surtout, est d'éviter un procès sur la faute. Le rapporteur fait observer que le procès est fatal sur le caractère, inexcusable ou non, de la faute et qu'il est préférable de laisser au tribunal, par la même occasion, le soin de fixer l'indemnité. L'amendement Aucoin n'est pas adopté (2).

L'examen de l'article 20 continue le 19 mars sur la faute inexcusable du patron. M. Grivart voudrait distinguer entre le patron et ses préposés; la responsabilité intégrale de l'article 1382 s'appliquerait pour le patron ; la simple majoration aurait lieu si le fait était reprochable aux préposés. En tout cas, il prétend qu'on ne doit pas plus limiter la majoration qu'on ne limite la réduction lorsque la faute est relevée à la

(1) Sénat, 18 mars 1898. *J. Off.*, Débats parl., p. 331 et suivantes.
(2) Sénat, 18 mars 1898. *J. Off. Déb. Parl.*, p. 334 et s.

charge de l'ouvrier, pour être logique et équitable. Le rapporteur, après avoir repoussé toute distinction de patron à préposé, appuie à nouveau le système de la loi sur le risque professionnel et son caractère forfaitaire, il y a un forfait, c'est suffisant et la proposition de M. Grivart aboutirait à le détruire. M. Grivart insiste en vain sur l'inégalité des situations de l'ouvrier et du patron. Son amendement est rejeté. Le Sénat adopte le texte de la Commission (1).

A cette séance du 19 mars 1898, la Chambre haute vote l'ensemble du projet consacrant les risque professionnel pour des industries limitativement énumérées par le texte, avec exclusion de l'accident intentionnel, majoration ou réduction de l'indemnité par le juge en cas de faute inexcusable.

C'est ce projet qui, transmis à la Chambre des députés, y fut voté sans la moindre discussion le 26 mars 1898. Par suite, c'est surtout à lui et à la discussion qu'il a soulevée au Sénat qu'il faut s'attacher pour apprécier la portée exacte de la nouvelle dite du 9 avril 1898, jour de sa promulgation. Aux termes de l'article 22 de cette loi, elle devait entrer en application trois mois après la publication officielle des décrets d'administration publique qui en régleraient l'exécution. Elle est entrée en application le 1er juillet 1899.

Elle avait toutefois avant cette époque subi une modification par la loi du 30 juin 1899. En effet, en mai 1899, M. Gervais déposait à la Chambre des députés

(1) Sénat, 19 mars 1898. *J. Off. Déb. Parl.*, p. 340 et s.

un projet de loi relatif à la résiliation des contrats d'assurance en cours concernant les accidents de travail. La discussion de cette proposition souleva un débat sur l'application de la loi de 1898 à l'agriculture et ce débat amena un changement dans la législation sur ce point. On discutait spécialement si la résiliation proposée allait s'étendre aux contrats d'assurance des agriculteurs qui n'emploient qu'accidentellement des moteurs inanimés et ne tombent qu'au moment où ils s'en servent sous la loi de 1898. Durant cette discussion, à la suite d'observations diverses, on en était arrivé à proposer de joindre au projet Gervais un amendement ; et celui-ci aboutissait à déclarer la loi de 1898 inapplicable aux agriculteurs qui ne se servent de moteurs inanimés qu'accidentellement. Ce serait, disait-on, une loi interprétative de celle de 1898 pour l'agriculture (1).

Partie de ce point, la discussion dégénéra vite et s'attaqua à cet autre : Quel était exactement le champ d'application de la loi de 1898 relativement à l'agriculture ? D'accord pour ne l'appliquer à cette branche de l'activité humaine que lorsqu'elle usait de moteurs inanimés, on cessait de l'être sur la personne responsable de l'accident survenu dans ce cas : était-ce le cultivateur ou l'entrepreneur du travail mécanique ? Et on présentait un nouveau changement à l'amendement sous la forme suivante, qui l'élargissait pour l'expliquer : « Tous les accidents dûs au fait de machines agricoles

(1) Chambre des Députés, 1er et 2 juin 1899. *J. off.* 1899. Débats parl. Chambre, p. 1545 et 1553.

mues par des moteurs inanimés et dont seront victimes des personnes employées à la conduite ou au service de ces machines, sont à la charge du chef d'entreprise desdits moteurs, dans les conditions de la loi de 1898 » (1).

Le 8 juin 1899, le débat sur l'application de la loi de 1898 à l'agriculture était tout à fait ouvert. M. Mirman demandait un texte spécial distinct du projet sur la résiliation des assurances et fixant trois points : les accidents agricoles compris dans la loi de 1898 — les victimes qui doivent être indemnisées — les personnes responsables. Et la Commission de la Chambre offrait à cette Assemblée une proposition de loi particulière qui avait pour texte celui de la loi actuelle. Le projet nouveau fut, après une délibération assez courte, voté le 8 juin 1899.

Transmis au Sénat le 9 juin, il y vint en discussion le 29, à titre de proposition différente du projet Gervais sur les assurances qui en avait été la cause. L'Assemblée, en dépit des efforts de M. Félix Martin pour faire modifier le texte de la Chambre, l'adopta tel quel. Le projet, reporté à nouveau devant la Chambre, le 30 juin 1899, fut discuté d'urgence et adopté sans observations.

La loi prenait, à l'égard des accidents agricoles, les dispositions suivantes :

« Les accidents occasionnés par l'emploi de machines agricoles mues par des moteurs inanimés et dont sont victimes, par le fait ou à l'occasion du travail les

(1) Chambre des Députés, 2 juin 1899. *Eod. loco*, p. 1557.

personnes, quelles qu'elles soient, occupées à la conduite ou au service de ces moteurs ou machines sont à la charge de l'exploitant dudit moteur.

» Est considéré comme exploitant l'individu ou la collectivité qui dirige le moteur ou le fait diriger par ses préposés.

» Si la victime n'est pas salariée ou n'a pas un salaire fixe, l'indemnité due est calculée selon les tarifs de la loi du 9 avril 1898 d'après le salaire moyen des ouvriers agricoles de la commune ;

» En dehors du cas déterminé, la loi du 9 avril 1898 n'est pas applicable à l'agriculture ».

Cette loi du 30 juin 1899 avait été adoptée à dessein très rapidement pour qu'elle puisse s'appliquer en même temps que la loi du 9 avril 1898 à partir du 1er juillet 1899.

Section II

Commentaire de la loi en ce qui concerne le fondement de la responsabilité patronale

Le commentaire des lois nouvelles se limite, pour notre sujet, aux règles touchant le fondement même de la responsabilité patronale en cas d'accident de travail : elles se trouvent dans les articles 1, 2, 20 et 30 de la loi de 1898 et les paragraphes 1, 2 et 4 de la loi de 1899. C'est à ces textes que se bornera donc notre examen.

L'article 1er de la loi de 1898 est ainsi conçu : « Les

» accidents survenus par le fait du travail ou à l'occa- » sion du travail aux ouvriers et employés occupés » dans l'industrie du bâtiment, les usines, manufac- » tures, chantiers, les entreprises de transport par terre » et par eau, de chargement et de déchargement, les » magasins publics, mines, minières, carrières et en » en outre dans toute exploitation ou partie d'exploi- » tation dans laquelle sont fabriquées ou mises en » œuvres des matières explosibles, ou dans laquelle il » est fait usage d'une machine mue par une force autre » que celle de l'homme ou des animaux, donnent droit, » au profit de la victime ou de ses représentants, à une » indemnité à la charge du chef d'entreprise, à la con- » dition que l'interruption de travail ait duré plus de » quatre jours.

» Les ouvriers qui travaillent seuls d'ordinaire ne » pourront être assujettis à la présente loi par le fait » de la collaboration accidentelle d'un ou de plusieurs » de leurs camarades. » A ce texte, il faut joindre comme s'y rattachant les paragraphes 1, 2 et 4 précités de la loi du 30 juin 1899.

Cet article, le plus important de la loi, consacre le risque professionnel appliqué à un certain nombre d'industries plus ou moins périlleuses dont il fait l'énumération. Il résulte de la façon dont la règle nouvelle a été édictée et aussi des multiples délibérations et discussions qui ont eu lieu au sujet de sa rédaction, proposée tour à tour plus large ou plus étroite, que le droit nouveau ne s'étend pas à toutes les industries ; en dehors de celles indiquées au texte, le droit commun doit continuer à s'appliquer, c'est-à-dire, la responsabilité tirée de l'article 1382 par la jurisprudence que les débats législatifs ont paru accepter à ce titre (1). L'énumération de la loi par suite est non pas simplement énonciative et susceptible d'être étendue à n'importe quelle industrie par voie d'analogie ; elle est limitative et la règle ne concerne que les professions indiquées. C'est ce qui ressort notamment des observations échangées entre M. Buffet et le rapporteur, au Sénat, dans la discussion du projet de 1896, depuis lequel la rédaction de l'article est restée sensiblement la même (2).

Le texte est donc limitatif et doit s'interpréter comme tel. Mais on sait qu'en matière juridique, deux sortes d'interprétations sont possibles : l'une, large, qui en tenant compte des termes mêmes de la loi ne leur donne pas le sens absolu et fixe qu'ils pourraient avoir pour un grammairien ou un étymologiste, mais leur portée ordinaire et générale avec les extensions normales qu'elle comporte ; l'autre, stricte, qui s'attache uniquement à l'expression et la confine dans son acception la plus rigoureuse. La première est généralement celle du droit civil, à l'exception des cas où la loi elle-même commande le contraire ; la seconde est plutôt celle du droit pénal. Or, on est ici incontestablement en matière civile et, si le texte ne déclare pas

(1) Ainsi la loi ne s'applique pas au commerce. Cour de Dijon, 13 juin 1900. *Gazette du Palais*, supp. II, 1900, p. 306. — Trib. Apt., 6 mars 1900, *Gaz. Pal.*, supp. I, 1900, p. 534.

(2) Sénat, 20 mars 1896. Débats parl., p. 281, *J. Off.*

qu'il doit être strictement entendu, l'interprète est en droit de l'appliquer largement.

Cette façon de procéder n'est pas d'ailleurs seulement celle qu'entraîne la nature même des règles auxquelles elle se réfère ; elle est ici, en outre, commandée par les travaux préparatoires eux-mêmes.

Il suffit, en effet, de jeter les yeux sur l'exposé de M. Ricard, rapporteur à la Chambre, sur le projet de 1893, dont le texte a été le point de départ de la rédaction actuelle (1), sur les discussions déjà relevées de M. Buffet et du rapporteur au Sénat en 1895 et 1896, pour en être convaincu. Cette idée a d'ailleurs été résumée d'une façon très explicite et indiscutable par M. Boucher, ministre du commerce, à la Chambre des députés, le 28 octobre 1897 : « Il importe, disait-il, de ne pas se méprendre et de ne pas limiter, au lieu de l'étendre, la portée de la loi par une énumération qui serait d'autant plus limitative qu'elle serait plus explicite. Les tribunaux appliqueront la loi dans l'acception la plus large. Faites confiance à l'interprétation des idées du législateur qui, dans l'esprit des juges et dans l'esprit des parties, sera large comme le texte même de la loi » (2).

En résumé, la règle qui ressort est celle-ci : le texte est limitatif, puisqu'il y a énumération en ce sens, mais il doit être interprêté largement.

Quels sont donc les cas dans lesquels, d'après la

(1) Chambre des députés, 1892. *J. Off.*, Doc. parl., p. 301 et s.
(2) Chambre, 28 octobre 1897. *J. Off.*, Déb. parl., p. 2216.

législation nouvelle, le risque professionnel entrera en jeu ?

Il faut d'abord qu'il y ait un « Accident » c'est-à-dire, un évènement soudain et violent, provenant d'une cause extérieure, fortuite et involontaire. On verra précisément avec l'article 20 que, si l'événement survient par un fait volontaire véritable, la règle se modifie. Mais il y a aussi dans certaines professions exercées dans des usines ou manufactures, rentrant per suite dans le domaine de l'article, des événements qui provoquent chez l'ouvrier un état de malaise, une incapacité de travail, souvent permanente à la fin : ce sont les intoxications, les dégénérescences osseuses par exemple, comme la nécrose des allumettiers, le saturnisme des travailleurs du plomb. Doit-on les comprendre dans le terme accident ?

Cette opinion a été soutenue lors des débats législatifs en 1893 et un amendement de M. Fairé en ce sens fut alors rejeté (1) : on distinguait entre la maladie professionnelle et l'accident, la première « conséquence d'une cause à laquelle l'ouvrier est exposé d'une façon continue, qui constitue pour ainsi dire un risque certain ; l'autre d'un événement imprévu auquel on ne peut se soustraire ». On ne voulait pas sur ce point modifier la jurisprudence qui avait déjà distingué les deux espèces. Si l'on pouvait s'attacher à cette seule discussion, la question serait résolue; malheureusement la solution ne semble pas du tout

(1) Chambre des Députés, 3 juin 1893. *J. Off. Déb. Parl.*, p. 1587 à 1590

avoir été identique au Sénat en 1896 où l'on sépare les maladies et les intoxications (1), ni à la Chambre elle-même en 1897 où après un débat assez confus entre MM. Goujon, Maruéjouls et Bourgeois on pose la même distinction (2). La décision appartient en somme à l'interprétation jurisprudentielle qui, fidèle à ses premiers errements, écarte les maladies professionnelles (3).

La distinction toutefois entre la maladie et l'accident n'est pas toujours facile à faire : tel est le cas des lombagos, tours de reins, rupture musculaire, coup de fouet, rupture de varices, hernies : est-ce le résultat du travail ou d'un état morbide préexistant ? Il est certain que la solution est toute de fait, laissée à l'appréciation souveraine du juge. C'est surtout la hernie qui a donné actuellement lieu à d'assez nombreuses décisions. La notion très juste posée par les tribunaux est qu'il faut rechercher s'il y a une relation de cause à effet entre le travail et l'existence ou le développement de la hernie (4).

En second lieu, il est nécessaire, pour que le risque professionnel s'applique, que l'accident soit « survenu par le fait du travail ou à l'occasion du travail ». L'expression semble indiquer une alternative, et non la réunion obligatoire des deux conditions, pour qu'on soit

(1) Sénat, 19 mars 1896. *J. Off. Déb. Parl.*, p. 268.
(2) Chambre, 28 octobre 1897. *J. Off. Déb. Parl.*, p. 2216-
(3) Trib. paix du Mans, 4 mai 1900, *Gaz. Pal.*, 1900, II, p. 105.
(4) Trib. Lille, 3 mai 1900, *Nord Jud.* 1900, p, 185. — Trib. Nancy, 21 mai 1900, *La Loi*, 19 juin 1900.—Trib. Saint-Gaudens, 11 avril 1900, *La Loi*, 17 mai 1900.

dans le champ d'application de la loi. Ceci résulte encore des travaux préparatoires, notamment des délibérations au Sénat, les 11 juin, 4 juillet 1895, du rapport déposé à la même assemblée, le 2 mars 1896 : l'accident doit être la conséquence du travail. C'est la portée même attribuée aux termes employés qui ont remplacé une formule plus vague, antérieurement proposée : « dans leur travail (1) ».

Il a été établi, en outre, à cet égard, et d'une manière absolument incontestable, que l'article ne saurait s'étendre aux ouvriers blessés en dehors du chantier ou de l'usine, en se rendant à leur travail. La discussion avait précisément porté sur ce point et a été tranchée en ce sens.

Il est intéressant de remarquer que le législateur a ici adopté une opinion opposée à celle de la jurisprudence antérieure en pareille occurrence (2).

Le texte ne comprend pas davantage l'accident qui s'est produit durant l'interruption des travaux et sans rapport avec eux : ainsi la blessure reçue par l'ouvrier dans un jeu ou une querelle, pendant le moment de repos, même à l'intérieur de l'usine ; il n'y a pas là une suite directe du travail (3) ; de même si l'événement est survenu par l'écroulement d'une maison dû au mauvais état de l'atmosphère ou du bâtiment dans

(1) Voy. en jurisprudence, Cour de Dijon, 9 mai 1900, *Gaz. Pal.*, 1900, supp. I, p. 201 ; Trib. Pontoise, 21 mars 1900, *Gaz. Pal.*, 1900, supp. I, p. 569.

(2) Paris, 6 juin 1885. DALLOZ, 1886, 2, 123.

(3) Chambre, séance du 22 mai 1888.

lequel se trouvait le travailleur au repos (1) : il y a d'ailleurs ici plutôt un cas d'accident provoqué par les forces naturelles, qui ne rentre pas exactement dans le risque professionnel.

Mais la solution devient plus délicate dans d'autres espèces qui se sont déjà présentées autrefois : l'ouvrier trouve la mort ou est blessé dans une partie de l'usine où il s'est rendu, sans y être appelé par son service, soit après son travail et en suivant une route anormale (2), soit en quittant sa besogne sans autorisation (3). L'accident n'a point eu lieu par le fait du travail de la victime, ni à l'occasion de ce travail et n'en constitue pas une conséquence directe ; il est cependant la suite du travail général de l'usine et le texte qu'on doit interpréter largement ne se réfère pas à la besogne spéciale de l'employé, mais au travail en général. Il semble donc qu'il faut l'appliquer ici (4).

Une décision contraire s'impose toutefois lorsque l'ouvrier est atteint dans son travail, mais par des événements extérieurs et étrangers à celui-ci : tel son assassinat par un compagnon d'atelier, une apoplexie ou un coup de foudre ; il n'y a plus ici conséquence du travail en général ou en particulier (5).

Que dire encore de l'employé atteint dans l'atelier, au

(1) Amiens, 13 août 1896, *Gaz. Pal.*, 1897, I, supplément, p. 8.

(2) Seine, 30 juillet 1896, *Gaz. Pal.*, table I, v° Responsabilité, n° 146.

(3) Lyon, 8 avril 1886. Dalloz, 1887, 2, 67.

(4) En ce sens, Cour de Rouen, 28 février 1900. D. 1900. 2, 181.

(5) Chambre des Députés, 26 juin 1888. Déb. parl., *J. Off.*, p. 1905.— Voir Trib. Bourg, 30 janvier 1900. *Gaz. Pal.*, 1900. 1. 452. — Trib. Bayonne, 30 mars 1900. *Gaz. Pal.*, 1900. 1. 810.

cours du travail, en secourant un camarade tombé malade, blessé ou en danger, ou en luttant contre un incendie survenu? Il apparaît bien qu'en raison du caractère louable de l'acte, une solution de faveur s'imposerait et pousserait à faire rentrer le cas dans le texte. On peut ajouter qu'il y rentre de lui-même ; car il est permis de soutenir sans exagération que la victime a été blessée à l'occasion du travail.

Telles sont les espèces sur lesquelles il est loisible de raisonner, parce qu'elles se sont, pour la plupart, déjà réalisées ; il y en aura bien d'autres, évidemment.

L'article 1er porte encore qu'il se rapporte « aux ouvriers et employés occupés » dans les industries qu'il énumère. La jurisprudence a déjà, avant la loi nouvelle, établi des distinctions entre les victimes au sujet des indemnités pour accident : elle écarte particulièrement l'ouvrier qui travaille pour son compte et représente un petit entrepreneur, en quelque sorte, à moins qu'il ne soit lui-même au service d'un entrepreneur important qui lui a simplement confié une tâche sans le considérer comme un patron (1). Pour que le sinistré obtînt réparation, les tribunaux exigeaient qu'il ait été blessé au service d'autrui et salarié par son maître. Cette conception est demeurée celle du législateur, ainsi qu'il ressort des observations présentées au Sénat par M. de Marcère, le 3 mars 1898. Elles ont fait préciser que la loi ne s'étendait qu'aux ouvriers attachés personnellement à l'usine et y recevant un salaire régulier et quotidien, et

(1) Dijon, 14 août 1884. Dalloz, 1888. 2. 28.

non aux personnes étrangères présentes par hasard dans l'atelier, tels qu'inspecteurs du travail, ingénieurs de l'État.

Pour bénéficier du régime nouveau, la victime doit donc être l'ouvrier ou l'employé payé du chef d'entreprise qui l'occupe, sans se soucier au surplus du mode de paiement. Le tâcheron indiqué plus haut, doit donc être traité comme tel et profiter des règles actuelles, ainsi que les aides dont il se sert pour exécuter la portion de travaux qui lui a été confiée (1).

Voyons maintenant quelles sont les industries soumises au risque professionnel par la législation de 1898.

Il y a d'abord celle « du bâtiment ». Le terme de la loi est très compréhensif et nombre de membres des deux Chambres l'ont attaqué, spécialement par M. Bérenger, qui voulait y séparer les besognes dangereuses. Son système ayant été rejeté, on est en droit de conclure que le texte s'applique à tous travaux périlleux ou non de toutes les industries qui rentrent dans le mot bâtiment : maçonnerie, charpente, menuiserie, serrurerie, peinture, zingage, plomberie, ferblanterie, vitrerie, carrelage, plâtrage, fumisterie, etc.; bref, tous ceux dont le résultat s'incorpore au bâtiment.

Mais la question est plus discutable pour les travaux qui, quoique destinés à s'incorporer à l'immeuble sont exécutés en dehors du bâtiment ; ainsi, les boiseries, les statues sculptées à domicile par l'artiste. Peut-on, s'il lui arrive un accident dans l'exécution de cette

(1) Cour d'Amiens, 20 mars 1900. D. 1900. 2. 268.

besogne décider qu'il doit être pris pour un ouvrier occupé dans l'industrie du bâtiment? Pourra-t-il réclamer, alors, l'indemnité réduite du risque professionnel à l'entrepreneur qui lui a commandé le travail? Ce serait, semble-t-il, dépasser les limites du texte, même largement entendu. Il faudrait, tout au moins, distinguer selon que l'ouvrier pose ou non, lui-même, les objets par lui confectionnés dans l'immeuble et selon que l'événement l'a atteint durant cette pose ou pendant l'exécution de l'œuvre à domicile. Il en serait autrement et la question ne serait plus douteuse, s'il travaillait, non chez lui, mais dans une usine ou un chantier d'entrepreneur occupé à ce genre de fabrication : il rentrerait, alors, dans une autre industrie, prévue au texte, et obtiendrait réparation par celle-ci et non par celle du bâtiment.

Pour la raison identique qu'ils paraissent ne pouvoir être considérés comme occupés dans l'industrie du bâtiment, les ouvriers d'ameublement, tapissiers, menuisiers et sculpteurs de meubles, miroitiers, sont en dehors du texte sur ce point, même si l'accident les frappait en portant et montant les meubles dans l'immeuble. Ainsi, encore, l'ouvrier en bâtisse, attaché à l'année dans une industrie agricole ou manufacturière pour faire les diverses réparations des bâtiments où elle est exploitée, ne saurait être visé : l'industrie pour laquelle il est occupé n'est pas celle du bâtiment. Il est nécessaire, dans tous ces cas, de réserver l'hypothèse où ces employés travaillent dans une usine ou manufacture; car ils rentrent, alors dans une autre partie du texte.

En effet, l'article 1er indique ensuite comme relevant du risque professionnel les « usines, manufactures, chantiers ». Cette portion de la disposition légale renferme, à coup sûr, la plus grande partie de l'industrie. Toutefois, il est impossible d'en indiquer le domaine exact et il y aura certainement là, matière à de fréquentes difficultés. Les meilleurs guides seront le bon sens, l'usage et les éléments tirés des travaux préparatoires. En 1888, on avait proposé à la Chambre l'expression « magasins et fabriques » qui fut rejetée parce qu'on la trouvait trop étendue. Le rapport déposé à cette occasion (1) contenait un tableau d'industries à titre purement indicatif, auquel on opposait, par comparaison, la classification allemande des industries en 1884, plus extensive : il est permis d'en extraire tout au moins cette notion que le législateur n'a pas voulu comprendre dans son texte les industries classées en Allemagne qu'il ne reprenait pas. On peut noter également que, lors de la discussion au Sénat, en 1896, on voulait faire rentrer dans la loi les « ateliers » qui n'y étaient pas prévus expressément et qu'après les avoir déclarés englobés dans les termes « usines et manufactures, le rapporteur réserva la question à l'appréciation des tribunaux pour certains d'entre eux, notamment ceux de couture et de modes. Enfin, dernière remarque, c'est la Chambre des députés de 1893 qui a énuméré la première les industries comme elles le sont aujourd'hui et c'est la même assemblée qui a

(1) Chambre des députés, 1897. *J. Off.*, Doc. parl., p. 395.

voté les lois ouvrières antérieures du 2 novembre 1892 et du 12 juin 1893 sur le travail des enfants et l'hygiène et la sécurité des travailleurs : ces textes emploient les expressions identiques d'usines et manufactures, mais y joignent en les distinguant ceux d'ateliers et dépendances ; ce qui semble séparer les deux espèces d'industries.

De cet ensemble d'observations, il résulte que l'on doit écarter du champ d'application de la loi les ateliers de petite importance, qui ne sauraient mériter la qualification d'usine ou de manufacture : par exemple, ceux de couturière, de modiste, de tailleur, de cordonnier, les lavoirs, où l'on ne trouve que quelques ouvriers ; ils étaient, en effet, négligés volontairement dans le tableau précité. Il en serait différemment des ateliers du même genre, mais de grande importance et munis d'un gros personnel. On est malheureusement forcé d'user ici de termes peu précis ; car il est évident que la dominante est la situation de fait et que la jurisprudence seule pourra décider selon les espèces. C'est une simple indication. A titre d'exemple, citons les fabriques de souliers, chapeaux et casquettes relevées à l'inverse des ateliers de couture et autres dans le tableau de 1888. (1)

En outre, la loi de 1898 ne se référant qu'à l'industrie, il faut en conclure que le commerce n'y est pas com-

(1) Article de M. Loubat, *Revue des Justices de paix*, 1900, VIII, 281. — Trib. paix, Paris : 2 mai 1900, 10 mai 1900, 22 mars 1900. Revue précitée, 1900, VIII, 216, 302 et 303. — Contra, Trib. Lille, 3 mai 1900, *Nord Jud.*, 1900, p. 387.

pris et éliminer de son domaine, ainsi qu'on l'a indiqué en 1888, les magasins de dépôt ou de vente, annexés ou non à l'industrie de fabrication ; car à l'opposé des lois de 1892 et de 1893, celle-ci ne vise pas les dépendances. (1)

Toutefois s'il est utile de restreindre les expressions du texte à leur sens normal, il est certain que le personnel entier de l'industrie admise au nombre des usines, manufactures, chantiers, bénéficiera du régime actuel pour les travaux de celle-ci ; il y aura non seulement les ouvriers, mais les employés de bureau qui se rattacheront par leur besogne à l'exploitation technique (2) sans qu'on puisse invoquer que leur travail n'est pas industriel. Il en sera différemment néanmoins des employés de bureau attachés à l'administration financière de l'affaire qui sortent de l'exploitation technique.

Dans la suite du texte on passe « aux entreprises de transport par terre et par eau. » Il s'agit ici de tout transport, en dehors du transport par la voie aérienne dépourvu actuellement de pratique : chemins de fer, tramways, omnibus, diligences, voitures, camions, charrettes, à condition qu'il y ait entreprise. Ce ne serait pas le cas pour l'industriel, le commerçant ou l'agriculteur qui a des charretiers ou camionneurs à son service pour transporter ses marchandises ou produits ; il n'est pas entrepreneur de transport. On

(1) Cour Dijon, 13 juin 1900, et Trib. Apt, 6 mars 1900 précités.
(2) Chambre des Députés, 25 juin 1888. Déb. parl. *J. Off.*, p. 1891.

vise également les transports par bateaux sur les canaux et rivières, c'est-à-dire, les mariniers ; et il semblerait que l'expression dans sa largeur englobe aussi le transport par mer, la marine marchande, abrogeant ainsi les articles 262 et suivants du Code de commerce qu'on a eu l'occasion de connaître. Mais une controverse peut s'élever sur ce point à raison des travaux préparatoires.

En effet, le projet voté par le Sénat en 1893 contenait dans le paragraphe 2 de son article 13 une disposition formelle écartant les marins et pêcheurs pour lesquels serait faite une loi spéciale. Ce point n'a pas été reproduit dans les textes votés en 1897 et 1898 qui forment la base de la loi nouvelle : on est en droit de se demander si c'est par oubli ou volontairement ; l'étude législative reste négative à cet égard et empêche de conclure. Le mieux cependant, en vertu de l'interprétation large qui doit guider en toute cette matière, serait d'étendre le texte aux transports sur mer eux-mêmes ; mais évidemment pas aux pêcheurs qui ne sauraient vraiment être rangés parmi les employés de transport (1).

Les observations déjà faites au sujet du personnel des usines et manufactures trouvent leur place ici ; tous ceux employés à l'exploitation technique de l'entreprise de transport sont compris dans la loi, mais point les autres, tels que les employés de la comptabilité, des finances ou du contentieux de l'industrie.

(1) Il y a eu une loi du 23 avril 1898 sur la caisse de prévoyance des marins contre les accidents : mais elle ne s'applique qu'aux inscrits maritimes (art. 1er).

L'article 1er, s'adresse aussi « aux entreprises de chargement et de déchargement ». Ceci s'entend indubitablement des chargements et déchargements, quels qu'ils soient, pourvu qu'il y ait entreprise, ce qui, comme précédemment, ne s'appliquerait plus au commerçant qui emploie des ouvriers à charger sur des voitures lui appartenant ses marchandises puisqu'il n'entreprend pas les chargements à titre d'industrie détachée. Il ne faut pas non plus hésiter sur l'extension du texte à raison des travaux préparatoires, parce qu'en 1896, à une demande sur le sens des termes employés faite par M. Blavier au Sénat, un membre de la commission répondit qu'il s'agissait du chargement et déchargement des navires dans les ports (1). Il semble bien que cette réponse n'était donnée que pour fournir un exemple. On sait que la loi doit être largement entendue et qu'en outre l'industrie en question est cotée comme une des plus dangereuses. Le législateur n'a pu limiter sa disposition aux opérations des ports.

On arrive ensuite « aux magasins publics ». L'exemple qui vient spontanément à l'esprit est celui des Docks et Magasins généraux (2). On n'en voit guère d'autres ; à moins que les lieux de dépôt tels que Monts-de-piété, Hôtels de ventes publiques, Entrepôts de douane.

Parmi les industries qu'il réglemente le texte énumère encore les « Mines, minières, carrières ». Il est surtout important à l'égard des mines où les accidens sont fréquents et il est utile de vérifier sa portée.

(1) Sénat, 20 mars 1896. *J. off. Déb. parl.*, p. 280.
(2) Chambre. 26 juin 1888, *J. Off. Déb. Parl.*, p. 1903.

La loi parait d'abord, à l'instar de beaucoup d'autres, mettre sur la même ligne les trois industries indiquées. Or il est bon d'observer que les carrières ont donné lieu dans les discussions législatives, spécialement au Sénat en 1896, à de très intéressants débats, un peu analogues au fond à ceux qui ont été relevés à propos de l'interprêtation générale de l'article. On avait fait remarquer qu'à côté des ouvriers travaillant dans la carrière à l'extraction des pierres, il y en avait d'autres qui, hors de la carrière, dans le voisinage, les préparaient et dégrossissaient. On demandait si ces derniers rentraient dans l'industrie prévue par la loi. La conclusion fut que la question devait rester de pur fait et être abandonnée à l'appréciation des tribunaux, pour les cas bien entendu où les ouvriers en question ne travailleraient pas les pierres extraites en usine ou chantier, ce qui leur permettait d'invoquer un autre chef de l'article. La même règle devra donc être suivie pour les mines.

En outre, l'article 6 de la loi prévoit la faculté pour les exploitants de mines de se décharger des frais mentionnés en l'article 5 (frais de maladie et indemnité temporaire pour les accidents de peu d'importance) « moyennant une subvention annuelle versée aux caisses ou sociétés de secours constituées dans ces entreprises en vertu de la loi du 29 juin 1894 », obligatoirement. Ceci laisse la faculté de supposer à l'article 1er quand il parle des Mines une délimitation naturelle : d'après la loi de 1894 la caisse de secours ne s'applique qu'à une certaine catégorie d'ouvriers et employés des mines, ce serait au maximum ceux-ci seuls qui seraient visés par le texte de 1898.

En dernier lieu remarquez que celui-ci ne parle pas d'entreprise ou d'industrie de mines, mais d'« ouvriers et employés occupés.... dans les mines. »

Sous le bénéfice de ces observations, on peut conclure que la loi de 1898 ne s'étend pas à tout le personnel des mines. Ici aussi il faudra séparer celui qui fait partie de l'exploitation technique du reste. Un seul point est certain, c'est que les délégués mineurs ne rentrent pas dans la loi ; on l'a déclaré formellement lors des débats le 16 mars 1898.

L'énumération est close par une formule générale embrassant en quelque sorte les industries innommées : « En outre dit-elle, dans toute exploitation ou partie d'exploitation dans laquelle sont fabriquées ou mises en œuvre des matières explosibles ou dans laquelle il est usage d'une machine mue par une force autre que celle de l'homme ou des animaux». Le législateur a pour ainsi dire scellé de cette façon la loi du cachet général qu'il voulait lui imposer : c'est une réglementation applicable avant tout aux industries transformées par le machinisme. C'est pour cela qu'il a usé des termes « partie d'exploitation », voulant ainsi englober l'agriculture pour les emplois de machine qu'elle ferait : ceux-ci en effet n'ont pas lieu, la plupart du temps, dans l'exploitation agricole entière, mais une de ses portions pour certains travaux, tels que le battage dont il a souvent été question aux cours des discussions parlementaires. On avait exclu, par le fait même, le surplus des opérations agricoles et notamment la conduite de voitures, cause d'accidents nombreux, mais dont la réparation sur les bases du risque professionnel pouvait entraîner la ruine des petits cultivateurs. On sait que la loi du 30 juin 1899 est intervenue sur ce point, comme nous allons le voir.

Avant cependant de montrer, si l'expression peut être employée, le côté mécanique de sa législation, le législateur s'est occupé des exploitations de matières explosibles. Délimitons d'abord ce point. Il est nécessaire qu'il y ait fabrication ou mise en œuvre de ces matières. On a éliminé par là le simple emploi de ces substances qui, d'ailleurs, peut avoir lieu en un endroit quelconque pour certaines d'entre elles, comme le gaz ou l'acétylène utilisés pour l'éclairage, sans supposer la manipulation industrielle. Mais que la fabrication de ces matières constitue une industrie exclusive ou adjointe à une autre, peu importe. L'usinier qui fera lui-même son gaz ou son électricité pour éclairer ses ateliers sera tenu aux termes de la loi des accidents survenus « dans la partie d'exploitation » où s'opère cette mise en œuvre de substances explosibles. Toutefois il faut « une exploitation ou partie d'exploitation » et la règle ne se référerait plus au particulier qui se livrerait aux mêmes opérations. Il résulte encore des discussions législatives de 1897 que le texte ne semble pas envisager les industries de matières toxiques, lorsqu'elles engendrent une intoxication continue et non violente, parce qu'il y aurait alors maladie professionnelle et non accident au sens exact du mot. Il s'appliquerait, au contraire, aux intoxications soudaines. Il est cependant permis de se demander si le terme « explosible » est susceptible, dans son acceptation usuelle, de renfermer celui de « toxique » et si, à raison de la nature limitative de l'énumération légale, ce ne serait pas dépasser la véritable portée des expressions.

Enfin, on arrive au machinisme. Le texte, à cet égard, est, dans ses termes, aussi large que possible. Il renferme, et il suffit pour s'en rendre compte de lui comparer les rédactions de 1893 et 1896, toutes les machines mues par la vapeur, le vent, l'eau, le gaz, l'air chaud, l'électricité, etc. Il ressort des travaux préparatoires que les accidents provenant de l'emploi de machines doivent être seuls considérés comme survenus par le fait du travail. Donc, si un exploitant agricole se sert en même temps de deux machines à battre, l'une à vapeur, l'autre à bras d'homme ou à traction animale, l'accident survenu dans le service de la première tombera seul sous le coup de la loi. C'est peut être un des points qui ont soulevé les plus vives récriminations au cours de la préparation législative de la loi de 1898.

On sait, d'ailleurs, que l'on avait redouté, après le vote de cette loi, que son texte fut insuffisant pour marquer nettement l'application du risque professionnel à l'agriculture. Il en résultait bien, de façon certaine, que toute exploitation agricole où l'on n'use pas de moteurs inanimés échappe au droit nouveau ; mais dans quelle mesure l'agriculture y est-elle soumise, quand un moteur inanimé intervient dans ses opérations ? L'exploitant était-il responsable selon la règle nouvelle de tous accidents dans ce cas, quelle qu'en fut la cause, ou seulement de ceux provenant du moteur ? Les travaux préparatoires imposaient presque cette dernière solution; mais on pouvait craindre une une interprêtation opposée. La loi du 30 juin 1899 est venu trancher la difficulté en modifiant, on l'a vu, l'article 1er de la loi de 1898 dans le sens restrictif. La jurisprudence a déjà été appelée de nombreuses fois à l'appliquer. Les principales solutions sont celles-ci : L'accident agricole ne rentre dans le risque professionnel que lorsqu'il est occasionné par une machine inanimée; il faut qu'il soit le résultat direct de l'emploi de cette machine. En outre, le texte de 1899, étant considéré comme ayant un caractère exceptionnel est, par suite, d'interprêtation stricte (1).

On a vu, jusqu'ici, l'étendue du risque professionnel en ce qui concerne les victimes d'accidents de travail et les industries où ils se produisent. Pour parfaire cet examen, il reste à connaître les personnes auxquelles incombe la charge du risque professionnel. L'article 1er de la loi de 1898 déclare que les sinistres, envisagés par lui dans les conditions requises, donnent droit à une indemnité « à la charge du chef d'entreprise ».

La loi ne fait aucune distinction selon l'origine de l'accident : qu'il provienne du fait du patron, de ses préposés, de l'ouvrier ou même d'un tiers, c'est toujours

(1) Voir : Trib. Argentan, 9 janvier 1900. S. 1900. 2.210. — Limoges, 13 février 1900. S. 1900. 2.209. — Compiègne, 14 mars 1900. S. 1900. 2. 210. — Montauban, 22 mars 1900. S. 1900. 2. 211. — Cour d'Angers, 16 janvier 1900. D. 1900. 2. 119.

le patron, le chef d'entreprise qui doit en supporter les suites immédiatement et directement. Notez toutefois que si le sinistre est dû à l'intervention d'une personne étrangère à l'entreprise, l'article 7 de la loi donne le droit à la victime de la poursuivre conformément au droit commun, c'est-à-dire à l'article 1382 (sans conteste, cette fois; car il n'y a pas de rapport contractuel entre elles) et de se faire indemniser par elle, à condition d'établir une faute de sa part. L'intérêt du blessé à procéder ainsi est d'obtenir une réparation complète du préjudice éprouvé, au lieu de l'indemnité réduite que lui devrait seulement le patron.

Mais il est bon de remarquer que ce droit de la victime n'est pas exclusif de l'obligation qui pèse sur le maître aux termes de l'article 1er : c'est toujours lui, avant tous autres, qui doit réparer l'accident. S'il provient de l'ingérence d'un tiers, et si celui-ci est, en vertu d'une poursuite de ce chef, condamné à des dommages-intérêts, le patron débiteur initial et nécessaire sera seulement exonéré jusqu'à due concurrence; autrement dit, totalement ou partiellement, selon les cas. Observez au surplus que l'obligation légale n'incombant au fond au chef d'entreprise qu'à titre d'auteur possible de l'événement, il aura droit, dans l'espèce, très naturellement de s'en décharger le plus qu'il en aura le moyen sur le tiers auteur réel et de l'attaquer aux lieu et place de la victime qui, assurée d'être nécessairement indemnisée par son patron, négligerait de le faire. Par un renversement des règles ordinaires, très justifié d'ailleurs, on rencontre ici un débiteur exerçant les droits et actions de son créancier, à l'inverse du principe général de l'article 1166 du Code civil. Cette bizarrerie n'est qu'apparente : car il semble bien n'y avoir dans le dernier paragraphe de l'article 7 qui la concerne, qu'une subrogation légale pour le chef d'entreprise à l'action de la victime, fondée sur un motif analogue à celle de l'article 1251, 3° du Code civil.

Bref la charge du risque professionnel pèse avant tout sur l'entreprise et son propriétaire. Il est certain, et cela ressort des discussions parlementaires, qu'aujourd'hui, comme dans la jurisprudence antérieure ; le patron est tenu, même s'il a préposé à la surveillance et à la direction des employés supérieurs, ingénieurs, gérants, directeurs et quand bien même le sinistre émanerait de leur négligence. Ce n'était avant 1898 que l'interprétation normale de l'article 1384 du Code civil. L'idée devait inspirer également le législateur contemporain puisqu'il met de côté la faute pour n'envisager que le risque industriel. Il considère le milieu principalement et c'est au maître de ce milieu à en répondre, non à ceux qu'il y a placés quelle que soit leur rang dans l'exploitation.

Il se trouve encore dans un grand nombre de villes des réunions d'ouvriers travaillant ensemble à une besogne spéciale, reliquats d'anciennes corporations : par exemple à Lille, les ouvriers de la Grue, qui chargent et déchargent les bateaux sur le canal de la Deûle. S'il survient un accident dans cette entreprise de chargement et déchargement, où sera le chef responsable? Dans les sociétés coopératives de production ouvrières, associations également de travailleurs coopérant à la même entreprise, quel sera encore le chef responsable? Evidemment personne, aux termes de la loi de 1898; elle ne peut s'appliquer à ces cas non plus qu'à un patron blessé chez lui. La victime n'aura que le droit de s'adresser à ses co-associés, conformément aux conditions du contrat existant entre eux.

Il faut aussi vérifier avec soin pour l'interprêtation du texte quel est, selon les espèces, le véritable chef d'entreprise. Un entrepreneur peut s'adresser pour les diverses parties des travaux dont il a assumé l'exécution à des sous-traitants, chefs d'entreprise de moindre envergure. Le sous entrepreneur travaille avec des matériaux qu'il se procure à ses risques et périls; les outils et machines qu'il emploie lui appartiennent; seul il a autorité sur les ouvriers qu'il embauche pour la besogne dont il s'est chargé. Il est donc un vrai chef d'entreprise. Par suite, si un accident frappe un de ses ouvriers, fut-ce dans le chantier de l'entrepreneur principal, ce n'est pas ce dernier qui sera tenu du risque professionnel, mais bien le sous-traitant (1).

On peut dire, d'une façon générale, que le chef d'entreprise est celui qui paie l'ouvrier (2). Néanmoins, il y aura peut-être des exceptions à cette règle. Un patron met quelquefois pour un moment un de ses ouvriers à

(1) En ce sens autrefois, Paris, 30 novembre 1867. Dalloz, 1867, 5. 371. — Douai, 21 mars 1887. S., 1888, 2. 124.

(2) Cassation, 7 janvier 1896. Dalloz, 1897, 1. 207.

11

la disposition d'un autre sous la surveillance unique duquel il est placé durant ce laps de temps ; s'il arrive un accident au travailleur, à cette époque, au cours de sa besogne, c'est le maître à qui il a été confié qui en sera tenu. On est autorisé à le croire, du moins si on consulte à cet égard les décisions des tribunaux avant la loi nouvelle (1).

Il est à remarquer enfin que l'article premier s'occupe des entreprises et chefs d'entreprises sans restriction aucune. On doit en conclure que les entreprises de l'Etat, des départements, communes et établissements publics sont englobées dans ses termes; c'est d'ailleurs la conséquence très nette des travaux préparatoires. En effet, dans les projets antérieurs à celui qui fut voté au Sénat en 1896, depuis 1888, un paragraphe spécial étendait à ces entreprises le régime nouveau. Il fut supprimé en 1896 comme inutile, étant bien entendu qu'il n'y aurait pas lieu de distinguer les exploitations publiques des industries privées. C'est dans le même sens que le texte a été rédigé et voté en 1897 et 1898. Cela résulte encore au surplus de l'article 13 de la loi, qui établit des procédures spéciales d'enquête en matière d'entreprises de l'État et indique bien par là qu'elles sont comprises dans la réglementation actuelle; de l'article 32 qui en excepte certains ateliers ou manufactures de l'État, montrant ainsi que les autres y sont englobés. La jurisprudence est conforme à cette théorie. (2)

(1) Paris, 27 février 1892 et Angers, 25 janvier 1892. Dalloz, 1892, 2. 465.

(2) Besançon, 28 février 1900. D. 1900, 2, 227.

Cette extension est une amélioration considérable du système antérieur à la législation nouvelle. On a vu en effet que la jurisprudence administrative, tout en se montrant très large et encline à adopter les idées actuelles, subordonnait en général la réparation à la nécessité de concilier les droits de l'État avec les droits privés, ce qui pouvait être très dangereux pour la victime. Le progrès sera d'autant plus complet que, comme on le verra bientôt, la loi sera appliquée non plus par les tribunaux administratifs, mais par la juridiction ordinaire, même aux employés des entreprises publiques.

Mais, on l'a aperçu dans l'exposé de tout ce qui précède, pour que la loi entre en jeu, il est nécessaire qu'il y ait une réunion de circonstances et de conditions constitutives du risque professionnel; industrie ou entreprise d'une certaine importance ayant un chef à sa tête. Ce point de vue devait faire écarter les travaux peu considérables où il y a quelquefois plusieurs ouvriers occupés, mais sans entreprise proprement dite. C'est ce qu'a décidé l'article 1er dans son deuxième paragraphe : « Les ouvriers qui travaillent seuls d'ordinaire ne pourront être assujettis à la présente loi par le fait de la collaboration accidentelle d'un ou plusieurs de leurs camarades ».

La question n'a guère été examinée dans nos assemblées législatives avant 1895 où la discussion au Sénat avait abouti d'abord à exclure du régime nouveau les petits patrons occupant cinq ouvriers au plus. Deux conceptions s'étaient fait jour à cette époque. L'une soutenait qu'il ne fallait pas imposer la charge du risque professionnel à un ouvrier patron qui n'est pas un industriel capitaliste, travaille avec ses compagnons dont il demande l'aide le plus souvent accidentellement et dont il partage tous les risques (1) ; on aboutirait à rendre toute une catégorie de petits travaux impossibles, à raison de l'obligation ruineuse qu'ils entraîneraient pour celui qui veut les accomplir, mais ne le peut seul. L'autre opinion, refusant de distinguer l'industrie capitaliste de toute autre, déclarait que la loi s'occupait « d'exploitations, d'entreprises » et que ces termes ne pouvaient s'entendre de l'ouvrier qui va travailler dehors avec un autre compagnon ; elle conduisait à écarter le petit patron qui suffit à sa besogne avec quelques ouvriers (2), c'est-à-dire, la petite industrie. Et cette idée avait triomphé dans la rédaction de 1895 ; elle donnait au surplus satisfaction à l'autre système, car il est bien évident que les travailleurs qu'il envisageait en collaboration accidentelle avec des compagnons ne comportaient jamais un nombre plus élevé que celui de cinq adopté. Mais en 1896, le Sénat fait sienne uniquement la première conception, ne voulant pas distinguer entre les industries, la petite et la grande, et vote le texte tel qu'il existe actuellement ; car aucune modification n'y a été apportée en 1897 et 1898.

Il ne paraît pas qu'avec cette disposition, le légis-

(1) Sénat 11 juin 1895. Blavier, *J. off.*, *Déb. parl.*, p. 590 et 591.
(2) Sénat, 13 juin 1895. Poirrier, rapporteur, *J. Off.*, Débats parl., p. 605 *in fine*. — Cfer. 11 juin 1895, *J. Off.*, Déb. parl., p. 592.

lateur ait bien atteint le but qu'il se proposait. Il tendait à éliminer les travaux qui ne forment pas des entreprises ou des exploitations proprement dites, où les accidents sont possibles, mais où ne se rencontre pas, comme on l'a exigé durant tous les débats, ce milieu industriel spécial par ses risques qui réclame une règle particulière. Or il semble certain que ce milieu n'existe que dans les exploitations assez importantes et employant un nombre relatif d'ouvriers. La petite industrie était en dehors de la réglementation nouvelle du moment que le risque professionnel est considéré comme relevant surtout de la grande industrie et telle avait été, en dehors des débats de 1895 et 1896, la conception générale de nos assemblées législatives.

Il ne faut pas se dissimuler que le paragraphe 2 que nous examinons, créera en pratique des procès multiples. Il s'agira de voir si la collaboration des camarades est ou non accidentelle ; si l'ouvrier qui en a usé travaille ou non seul d'ordinaire. La victime soutiendra l'un des points pour être sûrement indemnisée ; le petit patron prétendra le contraire. Et il est indubitable que l'appréciation des faits sera souvent fort délicate. Sans compter que la situation faite aux maîtres ouvriers, comme on les appelle dans cette région, sera des plus mauvaises : le menuisier, le serrurier qui travaille constamment avec quelques ouvriers dans une cave sera soumis au risque professionnel et aura peine à se relever d'un ou deux accidents survenus à ses collaborateurs. La théorie ainsi appliquée pourrait porter un coup fatal aux petits travailleurs arrivés à force d'économies à conquérir une situation médiocre d'où ils retomberont bientôt. Le législateur, qui a hésité sans cesse à étendre le risque professionnel à l'agriculture par crainte des charges et de la ruine du petit agriculteur, devait se faire les mêmes réflexions sur notre point et le trancher de la même façon.

Pour les accidents agricoles, la théorie générale du patron responsable a été modifiée en 1899. Ce n'est plus lui qui est tenu, c'est « l'exploitant » de la machine, « l'individu ou la collectivité qui dirige le moteur ou le fait diriger par ses préposés. » Donc, si le cultivateur est propriétaire de la machine et y emploie ses ouvriers, c'est lui le responsable, à la fois exploitant de la machine et patron ; mais si la machine est louée par lui à son propriétaire auquel il en laisse la direction exclusive durant son service, l'ouvrier agricole blessé au service de la machine devra s'adresser non à son patron ordinaire, mais au propriétaire exploitant de la machine (1).

Ici se termine le commentaire de l'article 1er de la loi de 1898 modifiée en 1899, texte de principe consacrant chez nous le risque professionnel. L'interprétation de la règle nouvelle n'est pas sans soulever beaucoup de difficultés. Signalons-en une d'ordre général pour finir. En matière pénale, le texte est d'interprétation stricte. Or, le défaut de déclaration d'un accident est une contravention punie par l'article 14 de la loi de 1898.

(1) Cour d'Angers, 16 janvier 1900. D. 1900, 2, 119.

Un patron ne fait pas de déclaration d'un accident survenu dans son industrie qu'il croit en dehors de la loi. Le juge saisi de la contravention devra l'acquitter, si le sens strict du texte de l'article 1er ne permet pas de la considérer comme visé par lui. Et d'autre part il se produira que le tribunal civil, interprétant largement ce dernier, appliquera au chef d'entreprise acquitté les règles du risque professionnel. A cet égard la loi semble vouée à engendrer des contradictions de jugements.

L'article 2 de la loi complète la disposition de l'article 1er en confirmant le principe nouveau à l'exclusion de tous autres. D'après lui, « les ouvriers et employés désignés à l'article précédent ne peuvent se prévaloir, à raison des accidents dont ils sont victimes dans leur travail, d'aucunes dispositions autres que celles de la présente loi. Ceux dont le salaire annuel dépasse deux mille quatre cents francs ne bénéficient de ces dispositions que jusqu'à concurrence de cette somme. Pour le surplus, ils n'ont droit qu'au quart des rentes ou indemnités stipulées à l'article 3, à moins de conventions contraires quant au chiffre de la quotité ».

Il en résulte donc que, vis à vis du patron, toute action autre que celle de la loi nouvelle et toute instance dans les termes du droit commun sont irrecevables. C'est une conséquence du caractère transactionnel de la législation des accidents de travail : les droits et devoirs des parties sont arrêtés une fois pour toutes à raison des concessions mutuelles qu'elles se sont faites ; il y a, en quelque sorte, chose jugée et elles ne peuvent revenir sur ce qui a été fixé. L'ouvrier, notamment, n'a pas le droit d'invoquer l'article 1382 du Code civil pour obtenir une indemnité plus forte que celle qui lui a été accordée par les textes nouveaux, bien entendu lorsqu'il rentre dans l'article 1er (1).

Ce corollaire nécessaire du principe a pourtant été difficilement admis. Sans parler ici, pour ne pas anticiper, des débats qui se sont élevés sur la faute inexcusable à laquelle on a voulu jusqu'à la fin appliquer le droit commun, on a soutenu, notamment à la Chambre, en 1897, que la loi, étant particulièrement une disposition de faveur pour l'ouvrier, celui-ci devait avoir option entre le régime nouveau et l'ancien, selon l'avantage qu'il y trouverait. Car l'article 1er comprend non seulement les accidents nés d'un cas fortuit ou de force majeure, mais ceux dûs à la faute légère, et en invoquant cette dernière avec l'article 1382, la victime aurait quelquefois chance d'obtenir plus que la somme fixée pour la réparation du risque professionnel. L'idée, absolument contraire au principe nouveau et qui, si elle était admise, le rendrait lettre morte, a été rejetée en 1897 et négligée en 1898.

Le texte définitif consacre, d'une façon absolue et sans exception, la règle nouvelle pour tout ce qui concerne les accidents prévus par l'article 1er. On serait tenté de supposer qu'il en est autrement parce qu'il parle seulement des accidents dont les ouvriers sont victimes « dans leur travail », formule différente de

(1) Trib. Seine, 21 mars 1900. *Revue judiciaire des accidents du travail*, 1900, p. 223.

celle employée par le texte précédent « par le fait ou à l'occasion du travail ». Mais il est bien certain que le législateur qui, à un moment, avait usé dans l'article 1er des mêmes termes « dans leur travail » a omis de faire passer la modification qu'il y a apportée dans l'article 2. Il y a un défaut d'harmonie, mais il suffit de s'entendre et de savoir à quoi s'en tenir. Dans le même ordre d'idées, remarquez l'oubli dans cet article 2 des « représentants » de la victime indiqués aussi dans le texte antérieur. Il est également acquis que ces derniers ne sauraient avoir des droits différents de ceux de leur auteur et ne peuvent pas plus que lui invoquer le droit commun. Cela présente un grand intérêt pour certains d'entre eux moins bien partagés ou même écartés par la loi de 1898, tandis que la jurisprudence ancienne leur accordait plus ou quelque chose : tels sont les ascendants et les frères et sœurs de la victime.

C'est encore par une suite logique et fatale du principe que le législateur a fini dans le paragraphe 2 de notre article, après de longues tergiversations, par repousser toute distinction relative au gain de la victime, opérée dans le but de la laisser agir conformément au droit commun au-dessus d'une certaine somme de salaire. Partant de la conception transactionnelle, cette idée serait illogique ; et si l'on peut, calculant les concessions possibles à raison des charges de l'industrie, estimer que le quantum de l'indemnité est modifiable, la règle fondamentale ne l'est pas, à savoir que la transaction fixe une fois pour toutes les droits et obligations des parties. Les Chambres se sont rendu compte de cette nécessité logique. Elles avaient d'abord proposé en 1888 et 1890, le droit nouveau pour les uns et le droit commun pour les autres; en 1893 l'option pour quelques-uns entre le droit nouveau et le droit commun; en 1896 et 1897 le droit nouveau pour tous avec ou sans limite de salaire; en 1898 le droit nouveau pour partie du salaire et le droit commun pour le surplus. Elles ont abouti en système actuel qui établit le droit nouveau pour tous, mais avec une modification dans le quantum de l'indemnité pour la portion du salaire dépassant le gain de 2400 francs par an considéré comme moyen.

Remarquez toutefois que le législateur s'est rendu compte ici de l'impossibilité d'apprécier d'une manière fixe les modifications à apporter au quantum de l'indemnité, ignorant les charges exactes selon les industries. Impuissant à composer un état précis des concessions transactionnelles, il a abandonné aux parties le droit de les constater d'un commun accord. C'est une hypothèse où une convention contraire au principe général de la loi est admise. Elle a un caractère exceptionnel et doit être strictement entendue. Notamment l'accord ne peut intervenir que sur le chiffre de la quotité, en vue de son augmentation ou de sa réduction; il ne peut conclure à une transformation de l'indemnité à peine de nullité conformément à l'article 30. Cette transformation en effet n'est jamais permise sauf aux conditions des articles 9, 21 et 28 de la loi.

Une conséquence curieuse de l'article 2 par sa prohibition pour la victime de se prévaloir d'autres dispositions que celles de la loi est la suppression de la compétence de la juridiction administrative pour les accidents survenus aux ouvriers dans les entreprises publiques. Quoique la question sorte un peu de notre cadre, il est intéressant de la signaler et d'en toucher quelques mots, à raison des précédents administratifs du Risque professionnel précités.

On a vu à ce propos que le Tribunal des Conflits, le Conseil d'Etat et à leur suite la Cour de cassation avaient décidé la compétence exclusive de la juridiction administrative en matière d'accidents de travail dans les ateliers, usines et manufactures de l'Etat, parce qu'il s'agissait de l'exercice d'un service public. Ils s'appuyaient notamment sur les règles consécratives de la séparation des pouvoirs pour en tirer cette autre que les tribunaux administratifs sont seuls compétents en matière de litige concernant un service public, toutes les fois qu'un texte spécial n'en a pas confié expressément l'attribution aux tribunaux ordinaires. Sans critiquer ici le plus ou moins bien fondé de cette théorie, on peut relever que la loi de 1898 établissant uniquement la compétence des tribunaux ordinaires pour les questions qu'elle régit, ce sont ces derniers seuls, en appliquant exactement la règle invoquée autrefois par la juridiction administrative, qui peuvent être compétents ; car il y a un texte spécial en leur faveur.

Cette solution a d'ailleurs été formellement indiquée

dans les travaux préparatoires. Le rapport de 1893, insistant sur l'assimilation des travailleurs des entreprises publiques à ceux des exploitations privées, faisait remarquer qu' « une des conséquences de cette disposition serait de faire disparaître la compétence des tribunaux administratifs, compétence peu justifiée, d'ailleurs, en matière d'accidents survenus aux ouvriers qui travaillent dans les manufactures de l'État et à ceux qui sont employés à l'exécution des travaux publics ». Il ajoutait, en un autre endroit : « De même, les ouvriers de l'État ne seront plus recevables devant les tribunaux administratifs ».

La conclusion, c'est que désormais, sauf les exceptions de l'article 32, la compétence des tribunaux ordinaires est absolue et exclusive en matière d'accidents de travail tombant sous le coup de la loi de 1898.

Si celle-ci avait borné ses dispositions aux textes de principe que l'on vient d'examiner, on serait en droit de dire qu'elle admet la théorie du risque professionnel avec toutes ses conséquences, notamment qu'elle écarte toute notion de faute. Mais, en ce qui concerne celle-ci, on sait déjà combien les débats parlementaires ont été vifs et répétés. Ils ont abouti à un système intermédiaire où, sans abandonner totalement le principe, on se borne à le faire fléchir dans des circonstances exceptionnelles. En thèse générale, la victime d'un accident de travail a droit à la réparation légale, sans autre justification à rapporter que celle de la réalité de l'événement. Mais, pour cela, il faut que ce dernier résulte de l'exercice normal de la profession, soit, dans l'esprit du législateur, d'un cas fortuit ou de force majeure ou d'une faute excusable de l'employeur ou de l'employé. Mais s'il est établi que l'accident est la conséquence d'une faute volontaire de l'ouvrier, d'une faute inexcusable du patron ou du travailleur, la thèse change et le droit se modifie : l'indemnité est supprimée, augmentée ou réduite selon les cas.

C'est ce qui ressort de l'article 20 ainsi conçu : « Aucune des indemnités déterminées par la présente loi ne peut être attribuée à la victime qui a intentionnellement provoqué l'accident. — Le Tribunal a le droit, s'il est prouvé que l'accident est dû à une faute inexcusable de l'ouvrier, de diminuer la pension fixée au titre premier. — Lorsqu'il est prouvé que l'accident est dû à la faute inexcusable du patron ou de ceux qu'il s'est substitué dans la direction, l'indemnité pourra être majorée, mais sans que la rente ou le total des rentes allouées puisse dépasser soit la réduction, soit le montant du salaire annuel. »

Et d'abord, en cas de faute intentionnelle de l'ouvrier, toute réparation cesse d'exister. La règle n'a jamais été discutée. Il y aurait quelque chose de choquant à voir établir le contraire et le législateur français n'a eu ici qu'à suivre l'exemple des législations étrangères (1). Il est évident que le patron, qui invoque la faute intentionnelle de son employé pour se libérer de l'obligation de réparer l'accident, est tenu d'en rapporter la preuve

(1) Voir la définition de la faute intentionnelle : Trib. Château-Thierry, 17 janvier 1900 et Cour d'Amiens, 20 mars 1900. D. 1900. 2. 268.

par tous moyens. Cela lui sera facilité, lorsque le fait générateur de l'événement relèvera de la loi pénale : ainsi l'ouvrier a été blessé en voulant incendier l'usine ou frapper un compagnon de travail. Dans ces cas de crime ou de délit, le ministère public poursuivra l'auteur et la preuve pénale acquise servira au maître. Sans compter que l'action de l'ouvrier en exécution de la loi de 1898, étant civile, devra, en vertu de l'article 3 du Code d'Instruction criminelle, être suspendue jusqu'à ce que la juridiction criminelle ait statué sur l'action publique intentée avant ou pendant l'instance civile : la solution de celle-ci sera singulièrement facilitée par celle de l'autre.

Il est à observer que jamais on n'a songé à réglementer le cas de faute intentionnelle du patron ; elle est peu vraisemblable. En tous cas, faute de règle spéciale, elle rentrerait, semble-t-il, dans le droit commun.

Passons à la faute inexcusable. Le système admis par la loi est que, lorsqu'elle existe de la part du patron, elle entraîne une majoration de l'indemnité qui ne pourra, toutefois, dépasser le salaire; que, lorsqu'elle est reprise contre l'ouvrier, la réparation sera diminuée sans pouvoir être complètement supprimée. Il aboutit à proportionner la réparation au degré de la faute, ce qui, pour n'être pas pratiquement inappliqué, est théoriquement nouveau et contraire aux principes généraux de la responsabilité qui graduent la réparation au préjudice éprouvé et non à la faute qui en est la cause.

Mais il faut savoir, avant tout, ce que l'on entend

par faute inexcusable. On a vainement, au cours des longues discussions parlementaires qu'elle a provoquées, tenté de la définir exactement : on n'y est point parvenu. On en a conclu que c'était une question de fait, dont l'appréciation devait, dans chaque espèce, être laissée aux tribunaux. Néanmoins, il est pourtant nécessaire que ceux-ci aient le soupçon de ce qu'on leur demande d'apprécier et quelques éléments d'examen. Le mieux, dans ce but, est d'essayer de tirer quelques éclaircissements de la confusion des travaux préparatoires.

En 1893 et 1895, les projets votés à la Chambre (articles 31 et 32) et au Sénat (article 18) avaient employé le terme de « faute lourde ». Le législateur de 1895, d'après le rapport déposé au Sénat, avait paru surtout considérer comme telle les manquements graves de l'ouvrier au règlement ou à des prescriptions verbales formelles, la contravention grave par le patron aux dispositions des lois et règlements sur l'installation de son outillage et le fonctionnement de ses appareils. L'exposé ajoutait que cette faute lourde devait être nettement établie et que le doute sur la gravité du fait devrait, pour user d'une expression juste étymologiquement, mais détournée ici de son sens courant, profiter à l'inculpé dont l'indemnité ne serait pas réduite ou dont l'obligation ne serait pas augmentée.

En 1896 apparaît l'expression nouvelle de « faute inexcusable » dans le but apparent, selon le rapport, de préciser davantage. Considérant que les tribunaux verraient sans doute trop facilement, en raison de leurs habitudes, une faute lourde dans une simple négligence ou un manquement aux règlements tolérés par les usages, on voulait, et ce pour que le risque professionnel fut appliqué d'une façon plus large, que la faute fut de telle gravité qu'elle fut sans excuses. Mais ce ne sont que des mots et si l'on cherche à trouver l'idée précisée dans la discussion publique, on retombe dans la même indécision. Le rapporteur en personne arrive à déclarer que la faute inexcusable et la faute lourde sont deux expressions de la même idée : c'est « une faute qu'une prudence vulgaire permet d'éviter ou qui ferait croire qu'on l'a fait exprès » (1).

En 1897, on essaye, comme en 1893 et 1895, de revenir aux infractions aux règlements et notamment aux dispositions des lois de 1892 et de 1893 sur le travail des enfants et la sécurité des travailleurs, pour caractériser la faute inexcusable (2). Enfin, en 1898, on propose le terme « d'imprudence grave », considérant que « l'imprudence grave peut avoir, en quelque sorte, un caractère accidentel, tandis que la faute inexcusable se rapproche tellement de la faute intentionnelle et du délit qu'on se demande si bien souvent il sera facile d'en saisir la différence » (3).

On ne semble guère avancé après toutes ces constatations. Il paraît en ressortir néanmoins que dans les

(1) Sénat, 20 mars 1896. Maxime Lecomte. *J. Offic.*, Déb. parl., p. 283. Cfer. Sénat, 1896. Doc. parl., *J. Offic.*, p. 119, Rapp. Thévenet.

(2) Chambre des députés, 26 octobre 1897, *J. Off.*, Déb. parl., p. 2207 à 2208.

(3) Sénat, 18 mars 1898, *J. Off.*, Déb. parl., p. 331.

derniers débats on a considéré la faute inexcusable comme plus grave que la faute lourde : c'est plus que celle-ci. Il ne suffira pas que les lois et règlements aient été enfreints ; il faudra pour que cette infraction soit consciente, qu'ils aient été violés sciemment. On a cité notamment le cas d'homicide par imprudence qui pourrait constituer une faute lourde sans être une faute inexcusable (1). En somme, tout dépend de l'appréciation des tribunaux qui, procédant à l'inverse de leur jurisprudence ancienne, devront écarter le plus possible l'idée de faute pour appliquer le risque professionnel de la façon la plus large.

La jurisprudence, évidemment embarrassée, s'est ralliée à la notion d'une faute supérieure à la faute lourde ou grave ; la faute inexcusable est pour elle une faute exceptionnelle, quasi-dolosive, une négligence allant jusqu'à la méchanceté ou au mauvais vouloir. Si les termes de la définition sont analogues dans tous les arrêts, il n'en est pas de même de leur portée : les faits seuls créent la décision du juge dans la matière, mais celui-ci ne les apprécie pas toujours de la même façon. Ainsi, on a considéré, à juste titre, comme inexcusable la faute d'un chauffeur de profession qui, habitué au fonctionnement des machines, s'est exposé imprudemment et sans ordre spécial au danger (2) ; celle d'un ouvrier de chemin de fer qui se jette brusquement et sans regarder, la nuit, d'un wagon en

(1) Sénat, 20 mars 1896, *J. Off.*, Déb. parl., p. 283.
(2) Trib. Nantes, 27 novembre 1899. D., 1900, 2, 84.

marche (1) ; et encore l'enlèvement à la main de détritus de laine attachés à une machine en marche au lieu d'employer un bâton, selon les règlements de l'usine (2). Et pourtant on a pris pour une faute grave, mais pas inexcusable, les actes analogues d'ouvriers retirant à la main des copeaux accumulés dans la cage d'une machine en marche, ou réparant à la marche une couronne dentée, partiellement détachée de son point d'appui (3). Ces distinctions sont peu explicables et il est évident que tout, en cette matière, reste d'appréciation, c'est-à-dire, incertain.

On a remarqué que l'article 20 rend le patron responsable non seulement de sa faute, mais de celle des personnes « qu'il s'est substitué dans la direction ». Le terme est beaucoup moins étendu que celui de l'article 1384 du Code civil selon la jurisprudence et qui impute au maître la faute de ses « préposés ». Il s'entend seulement des directeurs des travaux qui représentent le chef d'entreprise et auxquels il délègue son autorité et non des contremaîtres simples attachés à la surveillance. Ceci ressort des mots eux-mêmes mis volontairement par le législateur à la place de ceux précédemment employés par lui de « préposés » ou de « préposés à la direction et à la surveillance du travail » et aussi des observations échangées au sujet de cette substitution (4). La responsabilité du patron est ici

(1) Cour d'Angers, 16 janvier 1900, précité.
(2) Trib. Beauvais, 11 janvier 1900, *Gaz, Pal.*, 1900, supp. I, p. 136.
(3) Cour de Besançon, 28 février 1900, D. 1900, 2, 229, et Trib. Neufchâteau, 11 janvier 1900, *Gaz. Pal.*, 1900, supp. I, p. 134.
(4) Sénat, 4 mars 1898. Félix Martin. *J. Off.*, *Déb. parl.*, p. 259.

fondée sur le choix qu'il a dû et pu faire facilement et habilement de ceux qui le remplacent immédiatement. On n'a pas voulu établir la même règle pour les contremaîtres dont le plus souvent il abandonne le recrutement dans les entreprises importantes à son directeur. L'expression « substitué à la direction » a donc ici un sens étroit ; il s'agit de celui qui est en quelque sorte le second du maître, son bras droit et se confond presque avec lui, et non des sous ordres nombreux qui se rencontrent dans l'industrie.

Que décider s'il y a faute inexcusable des deux côtés, du patron et de l'ouvrier? La question n'a pas été prévue par la loi. Il faudra surtout tenir compte des circonstances : si la faute du patron est la plus grave, l'indemnité pourra être légèrement majorée, puisque, la compensation opérée entre le chiffre de majoration et celui de réduction de l'indemnité pour les deux fautes, ce sera la majoration qui dominera ; l'inverse aura lieu, quand le maximum de gravité entâchera la faute de l'ouvrier. Toutefois il est plus vraisemblable qu'en pratique les juges se borneront à traiter l'affaire comme s'il n'y avait point de faute du tout de part ni d'autre et appliqueront à la victime la réparation du risque professionnel. En effet il est aisé de supposer théoriquement que l'on chiffre ainsi la gravité des fautes et qu'il suffit d'opérer une soustraction ; dans la réalité ce ne sera guère possible.

Notons enfin que le système adopté pour la faute inexcusable n'a lieu de s'appliquer qu'aux cas où l'accident a entraîné la mort ou une incapacité permanente soit absolue, soit partielle, car l'article 20 ne parle que ou de « diminuer la pension » ou de « majorer l'indemnité, sans que la rente ou le total des rentes allouées puisse dépasser » le chiffre indiqué ; or il n'y a que dans les accidents ayant les conséquences susdites que la loi (article 3) accorde une pension ou des rentes. La faute inexcusable n'a par suite aucun résultat et le risque professionnel s'applique sans modifications aux accidents n'entraînant qu'une incapacité temporaire (1).

Enfin pour assurer l'application intégrale des règles nouvelles qu'il a posées, le législateur a lié les mains aux intéressés qui ne peuvent détruire son œuvre. Et l'article 30 décide que « toute convention contraire à la présente loi est nulle de droit ». La loi a été faite en vue de l'utilité générale : elle est d'ordre public. Cette disposition très importante et très justifiée peut cependant donner lieu à des difficultés relatives à la transition du régime ancien au nouveau. La nullité s'applique telle à toute espèce de conventions, notamment à celles antérieures à l'application de la loi, à celles plus favorables que la loi à la victime, à celles du patron avec les tiers, tels que les compagnies d'assurances ? La solution se trouve ici encore le plus souvent dans les travaux préparatoires. Mais toutes ces questions se réfèrent à l'indemnité, à ses modifications, non au principe même de la responsabilité et dépassent le domaine assigné à cette étude.

(1) Trib. paix Mans, 4 mai 1900, Gaz. Pal., II., p. 105.

La seule question transitoire qui puisse se poser au sujet du principe est celle-ci : que décider, si un accident survenu antérieurement à l'époque d'application de la loi nouvelle est porté devant les tribunaux au moment où elle est devenue applicable ? La victime pourra-t-elle invoquer le droit commun et sera-t-elle tenue de rapporter la preuve d'une faute de l'employeur ? N'aura-t-elle la faculté ou l'obligation même de se soumettre aux règles nouvelles ? En un mot la loi aura-t-elle un effet rétroactif sur les accidents antérieurs à son époque d'application, mais débattus seulement au moment où elle s'appliquera complètement ? La solution paraît être en faveur de l'effet rétroactif : car on ne peut dire d'abord que la victime ait un droit acquis à la réparation telle qu'elle était réglée par le droit commun ; en outre la loi a, à raison de l'article 30, un caractère d'ordre public, et les lois de cette nature ont, de l'avis général, un effet rétroactif. Par conséquent l'ouvrier dans notre hypothèse subira la règle du risque professionnel et n'aura droit qu'aux indemnités dans la mesure prévue par elle. (1)

Ainsi se termine le commentaire du texte en ce qui touche le fondement même de la responsabilité patronale, en cas d'accident de travail. On voit que la loi n'a pas établi le risque professionnel à titre de règle unique et générale : il ne s'applique qu'aux industries

(1) Cette opinion n'est point celle de la jurisprudence qui, pour tous les accidents antérieurs au 1er juillet 1899, portés devant les tribunaux après cette date, a suivi la procédure et les règles de fond du droit eur à la loi de 1898.

indiquées par elle et sous les conditions qu'elle impose; dans tout autre hypothèse le droit commun persiste. On peut conclure de là que la responsabilité du patron en la matière a, selon les circonstances, une base différente : tantôt le risque professionnel, droit actuellement exceptionnel ; tantôt le droit commun de l'article 1382.

A cet égard, notre législation présente une physionomie bizarre, par suite du défaut d'uniformité. Mais on doit se rendre compte que la loi actuelle a été au plus pressé et n'est que le premier pas dans la réglementation des accidents de travail. Elle devra être complétée, dans la suite, par d'autres qui étendront le principe au reste des travailleurs, au fur et à mesure des besoins.

Il nous incombe, maintenant, de compléter cette étude par un examen rapide des législations étrangères sur la question.

CHAPITRE V

LÉGISLATIONS ÉTRANGÈRES

Les législations des pays étrangers sur la question de la responsabilité en matière d'accidents de travail se divisent en deux groupes : celles qui, dans des lois récentes, ont admis le risque professionnel et celles qui sont en voie de réforme.

SECTION PREMIÈRE

Législations consacrant le Risque professionnel

On peut compter, aujourd'hui, huit pays en Europe qui, avec la France, ont compté et consacré le principe nouveau : ce sont l'Allemagne, l'Autriche, la Norvège, la Finlande, l'Angleterre, le Danemarck, l'Italie et l'Espagne.

§ I. — Allemagne

Jusqu'en 1884, les règles de la responsabilité de notre matière étaient tirées en Allemagne des textes du droit romain qui ont, jusqu'à ces derniers temps, formé la base du droit germanique et avaient une grande analogie avec celles qu'appliquait la jurisprudence française au moyen des articles 1382 et suivants.

Une exception existait, toutefois, à l'égard des chemins de fer : une loi prussienne de 1838, étendue par d'autres lois du 7 juin 1871 et du 2 janvier 1873 à tout l'Empire et à l'Alsace-Lorraine, édictait des dispositions différentes pour cette industrie. Une présomption de faute était alors établie à la charge de l'exploitant qui ne pouvait se libérer de l'obligation d'indemniser la victime d'un accident de travail qu'en prouvant la faute de celle-ci ou le cas fortuit ou de force majeure. Les résultats mauvais qu'avait donnés cette législation spéciale, par la longueur et la multiplicité des procès et l'exagération des charges pesant sur les chefs d'entreprise, firent qu'on ne songea pas à l'étendre à d'autres industries. Mais dans ces dernières, la situation de l'ouvrier blessé était, comme en France, des plus précaires, à raison de l'obligation qui lui incombait pour obtenir une réparation d'établir la faute patronale.

Ce fut pour donner satisfaction à la grande masse des travailleurs et aussi pour résister aux progrès du socialisme que le gouvernement impérial, sous l'influence du chancelier M. de Bismarck, proposa diverses lois sociales parmi lesquelles un projet sur les accidents du travail: « La guérison des maux sociaux, disait le message impérial du 15 février 1881, ne doit point être cherchée exclusivement dans les moyens de répression des excès socialistes, mais aussi dans l'amélioration réelle du bien-être des travailleurs. Dans cet ordre d'idées, la première question à examiner est le soin de ceux d'entre les travailleurs qui sont frappés d'une incapacité de travail ».

Le projet, après avoir été soumis à l'examen d'un conseil économique extraordinaire et approuvé par lui, fut présenté au Reichstag le 8 mars 1881. La question de responsabilité y disparaissait un peu absorbée par celle des indemnités et surtout de l'assurance obligatoire centralisée aux mains de l'État ; néanmoins le risque professionnel y était admis. Ce projet fut renvoyé à une commission qui le remania fortement dans un esprit décentralisateur : adopté par le Reichstag, il fut rejeté grâce aux efforts du chancelier par le Conseil fédéral.

Une nouvelle proposition de loi fut faite le 8 mars 1882 et jointe à un autre projet sur les maladies. Renvoyés tous deux à la même commission, ils furent séparés et le second seul relatif aux maladies voté en 1883. Enfin un dernier projet fut présenté au Reichstag, le 6 mars 1884 : après des discussions passionnées, il fut adopté avec quelques modifications et devint l'importante loi du 6 juillet 1884 (1).

(1) Texte. *Annuaire de législation étrangère*, 1884, p. 121 et s.

On y abandonne complêtement le principe de la responsabilité personnelle ; on y substitue l'assurance corporative supportée par les patrons qui garantit à toute victime du travail une réparation réduite, mais invariable, sans se préoccuper de la faute des parties. L'indemnité ne lui est refusée que si l'accident a été produit intentionnellement par elle (article 5). Le patron, de son côté, n'est tenu de la responsabilité intégrale que si un jugement correctionnel constate que lui ou son proposé ont amené intentionnellement l'accident (article 95). Toutefois, en vertu de l'article 96, le patron peut être forcé de tenir compte à la caisse de la corporation des accidents produits par sa simple négligence : sa faute doit encore être établie par un jugement correctionnel. Il est donc inexact, comme on l'a souvent cru, que le système allemand aboutisse à peu près à l'irresponsabilité absolue des personnes. Si la loi supprime pour l'ouvrier toute responsabilité de ses actes, elle la laisse subsister pour le chef d'industrie d'une façon, il est vrai, irrégulière et incomplète.

Elle accorde une indemnité seulement aux ouvriers frappés d'une incapacité de plus de treize semaines ; mais une loi antérieure sur les maladies secourt les blessés pendant les treize premières semaines. Cette loi énumère, en outre, les industries qu'elle soumet au risque professionnel. Des lois du 28 mai 1885, du 5 mai 1886, des 11 et 13 juillet 1887 étendirent la réforme à d'autres industries, notamment aux ouvriers agricoles et forestiers (en 1886) et aux gens de mer (en 1887) (1). On a été amené ainsi à appliquer progressivement le régime nouveau à toutes les professions industrielles, agricoles ou commerciales. Remarquons que la loi a cru devoir limiter l'application du risque professionnel aux employés industriels dont le traitement est inférieur à 2.000 marcks, soit 2.500 francs. Elle écarte aussi la petite industrie en exigeant une exploitation occupant régulièrement dix ouvriers au moins (2).

La nouvelle législation allemande a fait beaucoup d'adeptes en Europe, et presque toutes les lois et projets de loi sur la responsabilité des accidents y font de très grands emprunts. Il faut reconnaître que l'admission du risque professionnel, son extension progressive à toutes les professions, ajoutez la procédure facile et peu coûteuse, sont des qualités qui militent fortement en sa faveur. Mais tout en adoptant ces réformes, on pouvait profiter de l'expérience fournie par quatorze ans de pratique pour écarter les défectuosités de la loi de 1884.

Il y a quatorze ans, on a cru en Allemagne parvenir à la paix sociale en supprimant complètement la responsabilité de l'ouvrier. L'étude théorique antérieure de la faute lourde a montré que les faits ne sont pas venus réaliser cette espérance; qu'au lieu d'amé-

(1) Voir *Bulletin de l'Office du travail*, 1898, p. 496.

(2) La législation allemande a été refondue, sans modifications sérieuses, dans une loi récente du 30 juin 1900 entrée en vigueur le 1er octobre : à signaler l'élévation du traitement de 2.000 à 3.000 marks et l'extension du principe à de nouvelles industries. — *Bulletin de l'Office du Travail*, 1900, p. 1022.

liorer la condition de l'ouvrier, l'englobement de la faute lourde dans le risque professionnel a augmenté le nombre des accidents sans diminuer celui des procès. En Allemagne même on se demande depuis plusieurs années s'il ne vaudrait pas mieux rétablir la notion de la responsabilité qu'on se flattait d'avoir à jamais bannie. On a constaté que la jurisprudence elle-même subissait l'influence de ces idées et tendait à tourner la loi.

§ II. — Autriche

Jusqu'en 1887, la responsabilité des patrons, en cas d'accident de travail, était régie en Autriche par les principes du droit commun contenus dans les articles 1010, 1161 et 1315 du Code civil de ce pays (1811) et analogues à ceux du droit français.

Mais, en raison de la situation faite à l'ouvrier par ce droit commun, on avait tenté vers 1877 une réforme en établissant une présomption de culpabilité à la charge du patron. La proposition de loi, rédigée en ce sens et présentée aux Chambres, fut rejetée par elles comme n'apportant pas une amélioration réelle et aggravant au contraire l'antagonisme qui pouvait exister entre employeurs et employés; ce qui s'était vérifié par l'application de ce système aux chemins de fer, dont la législation en matière d'accidents de travail était spéciale comme en Allemagne et analogue à celle de ce dernier pays. Six ans après cette tentative, le gouvernement, poussé sans doute par l'exemple de l'Empire voisin, déposa un projet de loi sur la question devant le Reichstag. Les discussions durèrent cinq ans et la loi fut enfin votée le 28 octobre 1887 et mise en vigueur en 1889 (1).

Cette législation s'est visiblement inspirée de la loi allemande, mais n'est pas complètement calquée sur elle : le risque professionnel qui y est admis ne couvre pas ici toutes les infortunes; les patrons sont tenus de leurs fautes grossières dans la mesure du dommage qui a pu en résulter. En effet, le chef d'entreprise est responsable de sa faute lourde et de celle de son préposé vis-à-vis de l'établissement d'assurances dans la mesure des dommages-intérêts accordés en vertu de la loi (article 45) et, de plus, l'ouvrier peut venir lui réclamer un supplément d'indemnité en vertu de l'article 46 « si l'accident a été produit par une des personnes désignées par l'article 45 § 1 et 2, volontairement ou par suite d'une faute grossière » (1). La responsabilité des patrons, en Allemagne, n'a lieu, pour ces cas, que dans la mesure de l'indemnité réduite servie par la corporation, tandis qu'ici elle est intégrale : ils doivent rembourser à la Compagnie d'assurances l'indemnité qu'elle a versée à la victime, et en outre, payer à celle-ci des dommages et intérêts dont on déduit la somme fournie par l'assurance. Toutefois, le législateur autrichien n'a pas cru devoir aller plus loin : pas plus qu'en Allemagne, l'ouvrier ne répond ici de sa faute lourde. Mais l'obligation, réservée complètement contre le patron, marque une tendance qui est à signaler.

(1) Texte. *Annuaire de législation étrangère*, 1887, p. 443 et s.

L'Autriche a édicté également une loi sur les maladies ; celle-ci garantissant l'ouvrier pendant quatre semaines, la loi sur les accidents ne s'occupe que des incapacités supérieures à ce laps de temps.

Le risque professionnel a été étendu à nombre de professions non comprises dans le texte de 1887 par la loi du 28 mai 1894 (1) : tout le travail industriel et commercial est à peu près soumis au régime nouveau ; mais il faut observer que l'agriculture y est soustraite, à l'exception des travaux qui réclament l'emploi de machines mues par une force élémentaire ou par les animaux. Notez que les mines avaient été réglementées dès avant 1887 par une loi spéciale.

§ III. — Norvège

En Norvège, comme dans tous les autres états scandinaves, le patron de droit commun était seulement responsable de sa faute et de celle de ses préposés, à condition d'établir qu'il avait commis une négligenee dans leur choix.

En 1842 une loi sur les mines assure aux ouvriers blessés tous les secours pharmaceutiques et médicaux et une quote-part du salaire journalier pendant les quatre premiers mois. La loi du 8 juin 1881 contraint les chefs d'ateliers à subvenir aux premiers frais qu'entraînent les blessures de leurs ouvriers.

Enfin en 1890, le Gouvernement prit l'initiative de réglementer par une loi générale tous les accidents du

(1) Voir *Annuaire de législation étrangère*, 1894 p. 293 et s.

travail. Le Parlement rejeta le premier projet, puis vota sur une seconde tentative, la loi du 23 juillet 1894, qui est entrée en application en 1895 (1). Elle consacre le risque professionnel à la charge du patron, mais n'y soumet que les industries limitativement indiquées par elle. Le chef d'entreprise est responsable de sa faute lourde conformément au droit commun, à condition qu'elle soit constatée par une condamnation pénale. L'ouvrier, lui, reste totalement irresponsable : sa faute lourde est englobée dans le risque professionnel.

§ IV. — Finlande

La Finlande a aussi adopté le principe nouveau par sa loi du 5 décembre 1895 relative à la responsabilité des patrons pour les dommages corporels survenus à leurs employés.

Dès 1889 le Gouvernement avait fait entreprendre des études nombreuses sur les questions ouvrières et institué à cette fin une Commission. Les projets de loi sur l'assurance contre la maladie, les accidents, l'invalidité et la vieillesse servirent de base au texte que le ministre Van Doehn présenta à la Diète le 22 février 1894. Renvoyé au Comité de législation de l'Assemblée, amendé par lui, il fut soumis le 21 mai 1894 aux Etats et adopté le 28 mai suivant après quelques modifications de rédaction (2); sanctionné par l'Empereur

(1) Voir te texte. *Bull. des Accidents du Travail*, 1894, p. 327.

(2) Voir le texte, *Bulletin des accidents de travail*, 1894, p. 243, et *Annuaire de législation étrangère*, 1896.

Grand Duc, après avis du Sénat, il devint la loi du 5 décembre 1895.

Elle consacre le risque professionnel, sauf le cas de faute intentionnelle, de négligence grave ou de force majeure, ou de tout autre événement dépourvu de relations avec la nature du travail exécuté ou les conditions de son exécution (article 1er). Les industries auxquelles s'appliquent la règle sont limitativement énumérées et sont généralement celles qui ont un outillage mécanique (article 2). L'ouvrier a droit à indemnité que si l'invalidité a duré plus de vingt-huit jours.

Toutes ces législations qui procèdent de la législation allemande ont été moins loin qu'elle dans l'abandon des principes de la responsabilité. L'Autriche et la Norvège laissent le patron intégralement responsable en cas de faute lourde de sa part; et la Finlande rend franchement l'ouvrier responsable aussi bien que le patron dans le même cas.

§ 5. — Angleterre

La Grande-Bretagne a beaucoup légiféré sur la matière des accidents industriels. Ce travail législatif se divise en trois étapes : avant 1880 ; de 1880 à 1897 ; et depuis.

Avant 1880, l'ouvrier anglais était bien celui de l'Europe dont la situation était la plus déplorable en cas d'accident. Depuis le dix-septième siècle, une loi de Charles II déclarait en réalité le maître responsable de tout dommage causé par une personne placée sous ses ordres, son « servant », ouvrier, agent, domestique, même quand le préjudice avait eu lieu hors de sa présence ou en dehors du service du subordonné ou en désobéissant aux ordres reçus. Mais la jurisprudence trouvant ces dispositions excessives pour l'employeur, chercha à en tempérer l'application : elle tomba dans l'exagération contraire, au détriment de l'employé. Profitant des termes imprécis de la loi qui parlait du « dommage causé à un étranger », elle déclara, par une décision fameuse rendue en 1837 dans une affaire Priestley contre Fowler, que le texte ne s'appliquait qu'au préjudice causé par un tiers et non au dommage causé par un ouvrier à un compagnon : et, allant toujours plus loin, elle étendit ce titre de compagnon à tout agent subordonné du patron, quelque fut son grade, voire les directeurs et surveillants.

C'était le système du « *Commun Employment* ». La responsabilité patronale n'existait qu'en cas de faute personnelle du chef d'entreprise. Elle était supprimée dans la grande industrie où l'entreprise, appartenant à des actionnaires, aucun ordre ne pouvait venir que de leurs agents. Elle ne subsistait que dans le petit atelier où le patron donne directement ses instructions.

De 1844 à 1878 de nombreuses lois furent votées sur la matière des accidents; mais, spéciales à une catégorie d'industries, elles organisent plutôt des mesures préventives des sinistres que la réglementation de la responsabilité des patrons. Elles furent fondues et condensées dans une loi générale du 27 mai 1878 : au milieu des dispositions ayant pour but de prévenir les accidents, quelques articles semblent viser la question de responsabilité ; mais, au fond, celle-ci n'est pas changée. Le maître n'est toujours tenu, aux termes de l'interprétation du vieil *Act* de Charles II, que de sa faute personnelle; dans certaines hypothèses seulement où cette faute apparaît (ordres non donnés ou mesures dans un but de précaution qui n'ont pas été prises), il est passible d'une amende qui peut être appliquée à indemniser la victime, sans devoir y être nécessairement employée (article 82).

De 1880 à 1897 des modifications ont lieu. La responsabilité patronale fut enfin proclamée par l'*Act* du 7 septembre 1880, qui fut voté après deux enquêtes successives faites en 1876 et 1877. Cette loi modifiait profondément l'état de choses antérieur. Le patron était déclaré responsable vis à vis de son ouvrier, comme vis à vis d'un étranger, de son propre fait et du fait de celui qu'il emploie dans cinq cas énumérés : 1° Le défaut dans le mode de travail ou dans le matériel ; 2° La négligence de celui que le maître a commis à la conduite des travaux ; 3° L'accident n'est arrivé à l'ouvrier que parce qu'il s'est conformé aux ordres par lui reçus d'une personne employée chez le patron et à laquelle il devait obéir ; 4° L'accident est arrivé par la faute de toute personne employée par le maître et qui agissait conformément aux ordres donnés et aux règlements ; 5° La négligence de l'employé chargé des signaux ou de la conduite des trains sur les voies de fer (article 1er). De plus, il était nécessaire que l'accident ne fut pas dû à une des trois causes suivantes : d'abord un défaut existant qui ne peut être imputé ni au patron, ni au contremaître ; en second lieu, un défaut que l'ouvrier connaissait sans en avoir informé le patron ; enfin que la blessure ne résulte pas des défauts du règlement, celui-ci ayant été approuvé. Enfin l'ouvrier ne pouvait recevoir une indemnité supérieure au triple du montant de son salaire annuel.

La situation du travailleur anglais se rapprochait de celle de l'ouvrier français sous le régime du Code civil. C'était à lui de faire la preuve que le patron était dans les conditions indiquées par la loi ; à défaut par lui d'y parvenir, il était censé en faute ou l'accident était présumé dû à un cas fortuit ou de force majeure : il en supportait les suites.

Cet effort n'avait abouti qu'à un résultat minime : « l'expérience a démontré, a-t-on dit, qu'il n'a satisfait ni les espérances des ouvriers, ni confirmé les craintes des patrons ; une part relativement minime du nombre total des accidents, évaluée à environ un dixième, s'est trouvée soumise aux dispositions de l'acte » (1). Cela était en partie la conséquence du droit accordé au patron d'exiger renonciation à la loi de 1880 ou de faire accepter à l'ouvrier une indemnité réduite. Très souvent en outre le véritable propriétaire de l'entreprise faisait travailler à son compte un entrepreneur insolvable qui était un homme de paille contre lequel les victimes n'avaient aucun recours utile. En

(1) M. Geoffry-Drage, Congrès de Milan, I, p. 529.

dernier lieu on a vu que, lorsque l'ouvrier connaissait le défaut générateur de l'évènement, le patron était exonéré de responsabilité : c'était un cas d'application très fréquente et la source de nombreux procès ; il avait donné lieu à plus de litiges que le reste des dispositions de la loi.

Aussi dès 1893 un nouveau bill est-il présenté et discuté à la Chambre des Communes, consistant à réformer les inconvénients de celui de 1880. Il échoue et est retiré le 20 février 1894. Cet échec ne décourage pas les novateurs : le 8 février 1895, un projet consacrant le risque professionnel est présenté à la Chambre des Communes par M. Forwod. C'est cette proposition qui est devenu la loi du 6 août 1897 portant amendement aux lois sur la réparation des accidents (Workmen compensation act) (1).

Dorénavant les patrons seront responsables civilement de tous les accidents industriels dans les entreprises énumérées par la loi, même ceux fortuits et de force majeure, ainsi que de ceux imputables à leurs sous-traitants, ouvriers, préposés, ou à des tiers, sauf leur recours contre ceux-ci. Il est seulement nécessaire que l'accident ait causé une incapacité de travail, même partielle, de deux semaines au moins et qu'il ne provienne pas de la faute lourde de la victime. Les ouvriers conservent d'ailleurs le droit de s'adresser aux tribunaux dans les conditions fixées par les lois antérieures pour tous les accidents dont la réparation

(1) Voir le texte : *Bulletin de l'Office du Travail*, 1897, p. 725.

est prévue par les lois. S'il est reconnu que l'événement ne rentre pas dans cette catégorie, la victime, bien que déboutée de sa demande principale, peut encore être indemnisée par le tribunal en vertu de la loi nouvelle.

Les industries auxquelles s'applique la loi sont énumérées et définies en détail. Elle englobe « tout emploi direct ou indirect par l'État dans tous les cas où elle s'appliquerait à un patron particulier », mais elle ne s'étend pas au service militaire ou naval de l'État. En général, l'énumération des industries comprend toutes celles dans lesquelles le législateur, antérieurement, avait déjà jugé utile de protéger l'hygiène et la sécurité des ouvriers (1).

§ VI. — Danemarck

Le Danemarck appliquait, avant 1898, les principes du droit romain à la question de responsabilité en matière d'accidents de travail : le patron n'était tenu que de sa faute prouvée et n'était garant de celle de ses préposés que si l'on établissait une négligence de sa part dans leur choix.

Les tentatives réformatrices dans ce pays ont pour point de départ une enquête générale faite sur la situation ouvrière, en 1875, par une commission parlementaire. Quatorze ans plus tard, le gouvernement

(1) Voir sur la question des accidents en Angleterre, un intéressant article de M. Bellom : *Revue politique et parlementaire*, 10 mars 1898, p. 546.

déposa un projet de loi ayant à sa base le risque professionnel. Remanié et modifié successivent par les deux Chambres, il a abouti à la loi actuelle, promulguée le 15 janvier 1898, dont voici les principales dispositions (1) :

Le droit aux indemnités, accordées en cas d'accident survenu dans le travail, s'étend aux ouvriers employés dans les industries énumérées par la loi, et en général, travaillant dans toute exploitation soumise, en raison du travail mécanique qui s'y effectue, à l'inspection des fabriques. Les ouvriers, pour être soumis au régime nouveau, doivent participer à la partie technique mécanique de l'exploitation et n'avoir qu'un salaire inférieur à 3.000 francs. Enfin, la faute lourde qualifiée « négligence grave », supprime tout droit à réparation. C'est, en dernière analyse, le risque professionnel avec exclusion de la faute lourde de son domaine.

§ VII. — Italie

L'Italie est à coup sûr la nation qui a vu fleurir le plus de projets de loi sur la matière de la responsabilité des accidents de travail.

La question y soulevait les mêmes difficultés qu'en France ; car le Code civil, complètement muet, lui aussi, sur la responsabilité du patron, y contenait des dispositions identiques à nos articles 1382 et suivants. De 1879 à 1886, on cherche, dans la Péninsule, à amé-

(1) Voir le texte : *Bulletin de l'Office du travail*, 1898, p. 219.

liorer la condition de l'ouvrier par les règles mêmes du droit civil. Diverses propositions de loi furent présentées en 1879, 1880, 1881, 1883 et 1884. La dernière en ce sens fut celle du 17 juin 1885, déposée par le Gouvernement et consacrant l'interversion de la preuve au profit de la victime : elle parvint au Sénat, y fut discutée en 1886, mais n'aboutit pas.

A partir de 1890, on songe au risque professionnel ; il inspire le projet de M. Miceli, ministre du commerce, déposé le 8 février 1890, qui y englobe la faute lourde et s'étend à des industries limitativement énumérées. Depuis, des propositions successives, à peu près chaque année, sont venues s'accumuler ; mais elles n'ont toujours tendu qu'à perfectionner le projet initial de 1890. En 1891 le Sénat s'oppose formellement à l'englobement de la faute lourde dans le risque professionnel. Le projet est alors modifié en ce sens et repris ainsi transformé par M. Lacava, ministre, en décembre 1892 ; il n'aboutit pas. Enfin en 1895 le ministre du commerce, M. Barazzuoli, saisit à nouveau le Parlement de la loi établissant le risque professionnel. Ce projet, après de nombreuses discussions, a abouti à la loi du 17 mars 1898 (1).

Elle applique le risque professionnel aux ouvriers employés dans les industries qu'elle indique limitativement et en détail : il est à noter qu'elle s'étend aux travaux accomplis à l'aide de moteurs mûs par des animaux. Le nombre des ouvriers employés dans

(1) Voir le texte : *Bulletin de l'Office du Travail*, 1898, p. 611.

l'industrie, pour qu'elle soit soumise au régime nouvean, doit être supérieur à cinq. Le texte définit aussi très nettement les ouvriers qu'il entend comprendre. La loi italienne englobe, comme les législations allemande et autrichienne, la faute lourde de l'ouvrier dans le risque professionnel. Elle écarte toutefois la faute intentionnelle.

§ VIII. — Espagne.

L'Espagne avait une législation dont les règles étaient identiques à celle de notre droit commun. Cependant elle a également cherché à les réformer. Dès 1883 une commission d'études sociales a été créée par le gouvernement dans le but d'examiner les questions relatives aux rapports du capital et du travail; le résultat de ses études sur la responsabilité a constitué le fond du projet de loi sur les accidents présenté aux Cortès par le Gouvernement le 5 juin 1894 (1). Il établit le risque professionnel à la charge du chef d'entreprise, mais seulement, quand l'évènement aura lieu dans une des industries dangereuses et insalubres énumérées par le texte, et si les appareils et procédés préventifs des accidents y ont été employés. Dans toute autre hypothèse, c'est le retour au droit commun, avec cette réserve cependant que la faute ou l'imprudence de nature à faire obstacle à la réparation, doit être constatée par la juridiction répressive.

(1) *Bulletin des Accidents de Travail*, 1894. p. 156,

L'application du régime nouveau est possible pour une incapacité de travail d'une durée quelconque.

Ce projet a fini par aboutir à la loi du 30 janvier 1900. Elle consacre le principe nouveau dans son article 2 ; elle ne l'applique toutefois qu'à des industries limitativement énumérées par le texte (article 3). Enfin la faute lourde est englobée dans le risque professionnel et la loi à un caractère d'ordre public. Le législateur espagnol a pris soin de définir les personnes comprises dans sa réglementation (article 1er) (1).

Section II

Législations en voie de réforme

Ces législations se divisent en plusieurs catégories : les unes ont suivi des règles identiques à celles du droit français avant 1898 ; les autres ont d'abord fait de même, puis tenté de modifier ces règles ; les dernières en sont encore, en apparence, aux principes du droit romain.

§ I. — Législations qui ont suivi le régime du droit français antérieur a 1898.

On trouve dans cette catégorie la Belgique.

Belgique

Le Code civil belge analogue au Code civil français ne contient pas d'autres éléments sur la responsabilité

(1) *Bull. de l'Off. du Travail,* 1900, p. 375.

que lui, et les règles ont par suite été sensiblement les mêmes dans l'application que chez nous.

Toutefois, les efforts de M. Sainctelette en faveur de la responsabilité contractuelle, vers 1884, ont amené le législateur à chercher dans le Code lui-même des règles susceptibles de modifier la situation ouvrière. Le 23 mars 1889, M. Pirmez présenta à la Commission de réforme du Code, un projet de révision des articles 1382 à 1386 : selon lui, l'ouvrier peut réclamer une indemnité au patron, en vertu de l'obligation légale de l'article 1382, qui existe avant tout contrat, de ne pas nuire à autrui; il n'aura qu'à prouver que le maître a enfreint cette obligation en lui causant l'accident dont il souffre; et pour se libérer, le patron sera tenu d'établir que le fait qui lui est reproché provient d'un tiers, d'un cas fortuit ou de force majeure. Cette théorie, dont on aperçoit sans peine le but, était juridiquement injustifiable d'après les principes de la responsabilité; elle était une réédition de l'opinion déjà exposée au début de cette étude, d'après laquelle le préjudice suffit à lui seul pour fonder la responsabilité, en dehors de toute faute. Elle aboutissait au fond à édicter une réglementation analogue au risque professionnel : car celui-ci aussi est fondé exclusivement sur le dommage, indépendamment de toute considération de faute ; mais, on a vu que, dans l'opinion dominante, il tire son origine d'autres principes.

Les efforts de M. Pirmez, s'ils n'aboutirent pas, eurent du moins cet avantage d'attirer l'attention sur la nécessité d'une législation nouvelle. Le 17 mai 1890 la

Chambre des représentants voit déposer sur son bureau une proposition de loi par M. Janson et d'autres, qui établissait le risque professionnel englobant tous les évènements accidentels de l'industrie, sauf ceux qui étaient dûs à la faute lourde des parties. Une commission d'études est constituée : elle réussit à faire présenter par le ministre de la justice un nouveau projet de loi au Parlement, le 13 août 1891 ; celui-ci, visiblement inspiré des idées de M. Sainctelette cherche la solution de beaucoup de difficultés dans le contrat de louage des services. Il admet cependant le risque professionnel, sans application à la faute lourde qui reste soumise au Code civil, mais est considérés comme une faute contractuelle, dont chaque partie doit répondre. La loi s'étendrait à tous les ouvriers et employés, même aux domestiques et gens de service (1). Ce projet a échoué sur la question des assurances.

A partir de cette époque un stationnement se produit, parce qu'on avait en vue une loi générale pour la réglementation du louage de services, dans laquelle un chapitre serait réservé aux accidents. Dans ce projet, dont le canevas fut soumis en novembre 1895 au Conseil supérieur du travail par le ministre de l'industrie, le risque professionnel est consacré : tout accident survenu au cours du travail est présumé en faire partie jusqu'à preuve du contraire. Chacun néanmoins est tenu de sa faute lourde qui doit être prouvée par celui qui l'invoque. Bien plus les parties

(1) Voir le texte, *Bulletin des Accidents du Travail*, 1895, p. 746.

sont aussi responsables dans une certaine mesure de leur faute légère : car les tribunaux auraient la faculté de réduire ou d'augmenter l'indemnité quand ils la constateront (1).

A raison toutefois de la lenteur des Chambres à adopter ce projet de loi général, on a fini par détacher le chapitre relatif aux accidents pour en refaire une proposition de loi spéciale : elle a été déposée le 26 avril 1898; ses règles sont identiques à celles qui viennent d'être indiquées.

Depuis, elle n'a point abouti. Il en est autrement de la loi générale sur le louage de services qui a été achevée le 10 mars 1900 : il faut y relever l'article 11, inspiré des idées de Sainctelette sur les obligations du patron, qui a une répercussion sur la solution de la responsabilité des accidents. Remarquez que cette loi n'a point déclaré contraires à l'ordre public les clauses du contrat restrictives ou suppressives de ces obligations (2),

§ II. — Législations qui ont suivi, puis modifié les règles du droit civil

Cette catégorie ne comprend que la Suisse.

Suisse.

C'est le pays où l'on peut étudier avec le plus d'intérêt l'évolution des idées et des réformes relatives à la responsabilité des accidents de travail. Jusqu'en 1875

(1) *Bulletin des Accidents de Travail*, 1896, p. 187.
(2) *Bull. de l'Off. du Travail*, 1900, p. 370.

la législation y est à cet égard semblable à la nôtre. A partir de cette époque, on a voulu résoudre les difficultés au moyen de règles empruntées au Code civil.

Tout d'abord une loi de 1875, spéciale aux chemins de fer et aux bâteaux à vapeur, établit une présomption de faute contre le patron en cas d'accident de travail dans ces exploitations. Le 23 mars 1877, une loi sur les fabriques, votée à la hâte et sans préparation par le Conseil des Etats, étend cette présomption à tous accidents survenus dans ces établissements.

Mais ce développement des charges du chef de fabrique ne donne pas de bons résultats. Tout le monde est mécontent : car l'arbitraire laissé aux juges par la loi, quant à la fixation de l'indemnité, avait soulevé des plaintes nombreuses, les sommes accordées étant souvent excessives. Aussi, une loi sur la responsabilité des fabricants, du 25 juin 1881, fixe-t-elle un maximum aux dommages-intérêts que l'on peut infliger au patron lorsque le sinistre provient de sa faute. Malgré le peu d'avantages qu'elle semblait offrir, la théorie du renversement de la preuve, avec indemnité réduite à charge du chef d'entreprise, fut étendue, le 23 mars 1887, à une certaine quantité d'industries nouvelles.

En résumé, dans l'état présent, il y a, en Suisse, deux réglementations différentes de la responsabilité des accidents de travail : le droit commun antérieur à 1875 pour les industries non visées par les lois de 1875 à 1887 ; l'autre régime pour les exploitations rentrant dans ces dernières dispositions législatives. Pour celles-ci, le patron y est présumé en faute par le fait de la survenance d'un accident; il a la faculté d'écarter cette présomption en établissant que l'événement est le résultat d'un cas fortuit ou de force majeure, de la faute d'un tiers ou de celle de la victime. A défaut par lui d'y parvenir, il est tenu de fournir réparation dans les limites du maximum légal. Enfin, le juge peut réduire l'indemnité en cas de faute réciproque et s'il estime qu'il y a, en l'espèce, une cause d'atténuation quelconque de la responsabilité du maître.

Les industries soumises à ce régime sont indiquées par un arrêté du 3 juin 1891, rendu par le Conseil fédéral. Ce sont, rentrant dans le terme de fabrique, les exploitations employant plus de cinq ouvriers, des moteurs mécaniques, des personnes mineures de dix-huit ans, ou offrant des dangers particuliers pour ceux qu'elles occupent; celles où travaillent plus de dix ouvriers, sans réunir les autres conditions qui viennent d'être signalées; enfin, celles occupant moins de six ouvriers, mais offrant aussi des périls exceptionnels pour ceux-ci ou qui, occupant moins de onze ouvriers, offrent le type évident de fabrique.

Cette application des règles du droit civil, modifié pour la matière, n'a satisfait personne : employeurs et employés y font une vive opposition et en réclament l'abolition. Des partisans même du renversement de la preuve ont dû reconnaître l'insuffisance du procédé en présence des résultats malheureux qu'il a donnés en Suisse, et avouer qu'il est une évolution passagère de la responsabilité des accidents de travail inutile (1) à essayer. En effet, le système n'assure aucun secours à la victime de l'accident. Si, de plein droit, le chef d'entreprise est tenu d'une indemnité plus forte que celle que les systèmes du risque professionnel lui imposent généralement, la faculté qui lui est laissée de la faire réduire ou supprimer complètement par l'établissement d'une faute partielle de sa part ou même de l'absence de faute de son côté, aboutit trop souvent à abandonner le travailleur blessé à la misère. Et d'autre part, lorsque la faute du patron est indéniable, il subit alors le contrecoup le plus souvent de l'exagération des charges résultant pour lui de la loi.

Aussi a-t-on vu la nation suisse réclamer à une forte majorité, le 26 octobre 1890, l'introduction d'une législation analogue à celle d'Allemagne, c'est-à-dire, du risque professionnel. A la suite de cet ultimatum populaire, le Conseil fédéral chargea M. Forrer de rédiger un avant-projet de loi, qui fut révisé par le Conseil et devint le projet déposé le 21 janvier 1896 devant l'Assemblée fédérale (2). Il édicte le risque professionnel à charge de la Confédération pour un quart et du patron pour trois quarts. La faute lourde est couverte en partie par le risque professionnel : en effet, l'ouvrier peut n'obtenir qu'une indemnité moindre, mais qui ne peut jamais être inférieure à la moitié de celle qui est accordée en cas de risque professionnel ; quant au patron en état de faute grave, l'Office d'Assurances a un recours

(1) Jay. *Etude sur la question ouvrière en Suisse*, p. 99.
(2) Voir le texte : *Bulletin des accidents de travail*, 1896, p. 148.

contre lui pour exiger le remboursement de la somme payée à la victime, et peut même arrêter l'exploitation, si les faits se renouvellent. Le risque professionnel ne s'applique qu'aux incapacités de travail supérieures à six semaines; une caisse des maladies est destinée à couvrir l'ouvrier pendant le laps de temps antérieur. Enfin le régime nouveau s'applique à tous ceux qui travaillent pour autrui, et dont le travail a duré plus de huit jours.

Les efforts tendant à cette législation nouvelle semblaient avoir abouti, quand, par un vote du 5 octobre 1899, les Chambres fédérales avaient accepté le projet de loi sur l'assurance obligatoire contre les accidents et la maladie. Mais cette loi, qui n'était que provisoire et devait être soumise au referendum populaire, a été rejetée par le peuple suisse le 20 mai 1900, par 337.000 voix contre 147.000 (1).

§ III. — LÉGISLATIONS ÉTRANGÈRES QUI SUIVENT, EN APPARENCE, LES PRINCIPES DU DROIT ROMAIN.

Dans cette catégorie, rentrent spécialement les pays slaves et scandinaves : citons la Russie et la Suède.

1° *Russie*

Le Code civil russe adopte absolument les règles romaines : le maître n'est responsable qu'en cas de faute personnelle prouvée ou de faute de ses préposés, si l'on établit qu'il a fait un mauvais choix.

(1) *Bull. Off. travail*, 1899, p. 1100 et s., et 1900, p. 830.

Mais des dérogations y ont été apportées par des lois spéciales. Le Code de commerce fixe les devoirs des armateurs envers leurs marins et les contraint à des indemnités variables suivant les cas, le double du salaire pour la perte d'un membre dans un service commandé, les frais de traitement en sus si la blessure est le résultat d'un échouage, d'une tempête, d'un incendie ou d'une attaque (articles 992 et suivants). Dans les mines et usines de l'État, les blessés durant le travail ont toujours été soignés par l'administration; le Code des mines de 1857 leur accorde un secours s'ils deviennent incapables de travailler (articles 320, 321, 336 et 855).

En 1861 l'abolition du servage amène une réglementation provisoire du louage de services où l'on s'occupe des accidents. S'ils entrainent une blessure contractée dans un service commandé, la victime est soignée à l'hôpital et reçoit son salaire; si c'est l'invalidité qui en résulte, l'indemnité est fixée au double de la somme indiquée pour la durée totale du louage de services; en outre, en cas de mort, la même réparation est donnée à la famille, outre les frais funéraires (articles 60 à 62 du règlement provisoire de 1861). Enfin en 1870 on assimile les mines et minières d'or exploitées par des particuliers aux établissements de l'État.

On aperçoit par là, comme le disait très justement M. Kepper, au congrès de Berne (1), « que les principes fondamentaux des nouvelles lois relatives à la respon-

1) Congrès de Berne, p. 26.

sabilité, adoptés dans différents pays depuis quelques années, ont été introduits dans le gouvernement russe, dans la législation, il y a trente ans. Il a admis le risque professionnel sur lequel on discute encore dans la plupart des pays ». Ce résultat a été plus commode à atteindre en Russie qu'ailleurs ; l'État y est omnipotent et exploite un grand nombre d'industries. Mais il est utile d'observer que le risque professionnel n'y est appliqué que sur des points spéciaux et beaucoup d'exploitations importantes restent en dehors de son domaine.

Aussi, le gouvernement se propose-t-il de faire une loi générale sur les accidents de travail. En 1889, un premier projet, présenté au Conseil de l'Empire, échoua. En 1893, une nouvelle proposition fut tentée par M. de Witte, ministre des finances (1) : elle établit le risque professionnel ; le chef d'entreprise n'y échappe qu'en prouvant la force majeure ou le cas fortuit, la faute ou l'intention de la victime, le crime ou le délit d'un tiers sans relation avec l'entreprise industrielle. L'incapacité de travail peut être d'une durée quelconque. La réforme s'applique aux ouvriers et employés des fabriques, usines, manufactures, ateliers mécaniques, mines et travaux de construction. Ce projet n'est guère différent de celui de 1889, sauf en ce qui concerne l'établissement d'une procédure spéciale à la matière.

(1) Congrès de Milan, I, p. 631, voir le texte.

2° *Suède.*

Les principes généraux du droit commun sont les mêmes en Suède qu'en Russie.

Toutefois une loi du 12 mars 1886 édicte quelques dispositions spéciales pour le personnel des chemins de fer, les mineurs et les marins. Le 3 octobre 1884, le Gouvernement forme une Commission, à la demande des Chambres, pour rédiger un projet de loi sur la matière des accidents ; ce qui fut fait en 1890. Il échoue devant la deuxième Chambre qui écarte l'idée de faire subir la charge du risque professionnel par l'Etat. Un nouveau projet a été présenté au Parlement le 14 janvier 1895 (1) : il adopte le risque professionnel supporté par le chef d'entreprise ; il ne s'applique qu'à l'incapacité de travail permanente et non aux employés de l'Etat et des communes ; enfin la faute de l'ouvrier supprime pour lui le droit à réparation, quand elle tombe sous le coup de la loi pénale.

Bref toutes les nations de l'Europe admettent le risque professionnel. Mais si l'utilité de la réforme paraît unanimement reconnue, nombre de pays s'accordent aussi à reconnaître que la loi allemande, le premier pas législatif dans la voie moderne, a dépassé le but en abolissant la responsabilité de la faute. Les théoriciens ont eu beau proclamer que logiquement le risque professionnel englobe tout, sauf le fait inten-

(1) *Bulletin des Accidents de Travail*, 1895, p. 83 : voir le texte.

tionnel, les faits ont apporté un démenti à leur système en montrant le danger qu'il faisait courir. La raison commandait de ne pas suivre l'Allemagne pour éviter les inconvénients de sa législation, l'augmentation des accidents et des procès. C'est ce qu'ont fait et que feront la plupart des autres nations.

CONCLUSION

Nous avons examiné aussi exactement que nous l'avons pu la question du fondement de la responsabilité patronale en matière d'accidents de travail, en nous bornant à exposer les systèmes que nous avons trouvés ou cru trouver dans les travaux des théoriciens et du législateur.

Il est certain qu'en présence des faits nous accepterions volontiers la création d'une notion nouvelle d'équité en faveur de l'ouvrier contraint par sa condition actuelle de vivre dans un milieu essentiellement dangereux. Neus considérerions sans difficulté que l'industrie n'est qu'une famille plus large que la famille ordinaire, dont les devoirs des membres vis-à-vis les uns des autres sont identiques dans le malheur. A ce titre nous serions partisans du risque professionnel conçu comme une application de la solidarité industrielle : c'est une idée généreuse qui ne peut manquer de nous toucher.

On a fait remarquer avec raison que nombre de travailleurs vivent aujourd'hui dans une société qui n'est pas constituée pour les aider, lorsqu'ils se trouvent dans une situation précaire. Elle n'existe plus cette époque du Moyen Age où maîtres et compagnons étaient dans un état de presque égalité, où le patron « partage leurs travaux, les éclaire, les encourage ; il n'y a pas, chez lui, la morgue du patron enrichi qui rougit d'avoir manié son outil. Il a été compagnon comme eux, et le moment viendra où ils seront maîtres » (1). Si le travailleur y était moins libre, il était en même temps mieux entouré et plus protégé. Les confréries et corporations dont il faisait partie nécessairement le secouraient en cas de maladie ou d'accident, à cause de la solidarité morale qui liait les frères ou compagnons, indépendante de toute obligation légale. Aussi est-ce à la persistance de cet esprit corporatif dans certains pays, comme l'Allemagne et l'Autriche, qu'on a cru pouvoir attribuer la facilité avec laquelle s'y est implanté le Risque professionnel (2). Cette disparition, au milieu des révolutions sociales et industrielles, de l'union entre maîtres et compagnons, la condition précaire du travailleur devaient frapper les esprits; et il en est résulté, on l'a dit très justement, qu' « un souffle de charité, nous dirons même de justice, envahit les classes élevées et instruites. Tous admettent qu'il y a quelque chose à faire en faveur des classes laborieuses » (3). C'est sans doute, ce qui explique que le Risque professionnel,

(1) Stocquart. *Le contrat de travail*, p. 8.
(2) Sénat, 3 mars 1898. *J. Off.*, Déb. parl., p. 234.
(3) Stocquart. Ouvrage cité, p. 13.

tel qu'on le présente en général, ait eu un succès que l'on a qualifié de foudroyant.

Mais, à notre avis, il est bon de se garder des phrases qui mènent insensiblement à l'exagération. La solidarité industrielle, telle que nous l'avons aperçue, n'est, selon nous, qu'une mise en œuvre de l'assistance, malgré tous les efforts d'argumentation que l'on a faits pour le nier. Cette œuvre serait louable assurément ; mais elle aurait le défaut très grave d'entraîner, par son principe, des conséquences inattendues et inacceptables : la mise au compte de la société de tous les risques de l'humanité.

Nous ne rejetons point pour cela le Risque professionnel. Il serait absurde de nier la nécessité d'une réforme dans la matière des accidents de travail. Mais nous préférons lui donner comme fondement la transaction basée sur les faits et influencée par une idée d'équité très large au profit du faible, c'est-à-dire de l'ouvrier. C'est là, au fond, la direction de la législation, nous en sommes convaincus ; et c'est très juste : car, s'il faut protéger le faible pour établir le plus d'égalité possible dans les relations humaines, il serait excessif de contraindre à l'assistance. Il n'y aurait aucune raison de s'arrêter et l'on aboutirait au renversement des notions d'équité et de justice sociales pour leur substituer une sorte de morale obligatoire.

Observons en terminant que la théorie du Risque professionnel, que l'on a sentimentalisé si facilement et avec beaucoup de talent, n'est peut-être qu'un vieil habit taillé à la mode nouvelle. Nous avons discuté, en effet, dans notre exposé des principes de la responsabilité, l'opinion qui voulait fonder celle-ci sur le simple préjudice, indépendamment de toute notion de faute. Le Risque professionnel n'est guère, chez la plupart, que le renouvellement de cette thèse. Il « a sa base, non pas, je ne cesserai de le répéter, dit M. Tarbouriech (1), dans la faute, mais dans le simple dommage». Seulement on a repris le système au nom de la solidarité, tandis que ses promoteurs en étaient à peu près encore à la théorie du vieux droit romain.

(1) Tarbouriech. Ouvrage cité, p. 146,

BIBLIOGRAPHIE

BELLOM. — *Les lois d'assurances ouvrières à l'étranger.* Paris, 1895.

GIBON. — *Les accidents du travail et l'industrie.* Paris, 1890.

GLASSON. — *Le code civil et la question ouvrière.* Paris, 1891.

HAURIOU. — *Note sous Sirey*, 1897, 2me partie, p. 33.

JAY. — *Étude sur la question ouvrière en Suisse.* Paris, 1893.

LABBÉ. — *Notes sous Sirey.* 1885, IV, 25. 1886, IV, 25. 1889, IV, 2. 1890, IV, 17.

MUTEAU. — *De la responsabilité civile.* Paris, 1898.

SAINCTELETTE. — *De la responsabilité et de la garantie.* Bruxelles, 1884.

SALEILLES. — *Essai d'une théorie générale des obligations d'après le projet du Code civil allemand.* Paris, 1890.

— *Les accidents du travail et la responsabilité civile.* Paris, 1897.

SAUZET. — *De la responsabilité des patrons vis-à-vis des ouvriers dans les accidents industriels.* Paris, 1883.

SOURDAT. — *Traité général de la responsabilité.* Paris, 1876.

STOCQUART. — *Le contrat de travail.* Bruxelles, 1895.

TARBOURIECH. — *La responsabilité des accidents dont les ouvriers sont victimes dans leur travail.* Paris, 1896.

Annuaire de la législation étrangère.

Annuaire statistique de la Suisse.

Bulletin du Comité permanent des accidents du travail.

Bulletin de l'Office du travail.

Journal officiel. — Débats parlementaires du Sénat et de la Chambre des députés ; Documents parlementaires ou Annexes du Sénat et de la Chambre des députés.

Recueils de jurisprudence : Dalloz. — Sirey ; périodiques. — *Revue des justices de paix. — Gazette du Palais : supplément. — Nord judiciaire.*

Lille, le 16 Novembre 1900.

VU :	VU :
Le Président de la thèse,	*Le Doyen,*
LÉON FÉDER.	L. VALLAS.

VU ET PERMIS D'IMPRIMER :

Le Recteur de l'Académie,

J. MARGOTTET.

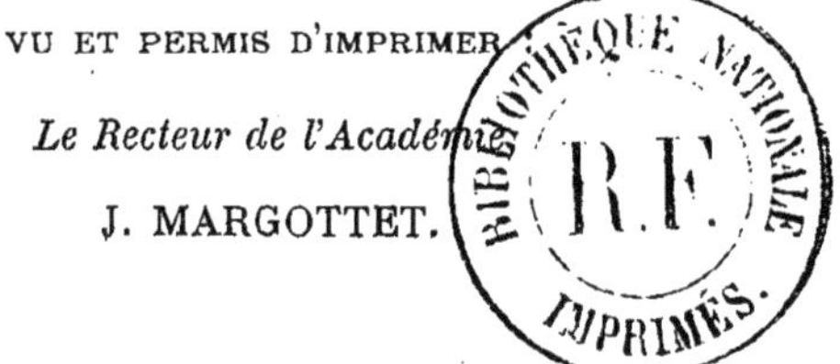

TABLE DES MATIÈRES

Imp. Capy, Hesdin.

www.ingramcontent.com/pod-product-compliance
Ingram Content Group UK Ltd.
Pitfield, Milton Keynes, MK11 3LW, UK
UKHW020321230726
13925UKWH00002B/540